English G 2000

D1

Carry on

Handreichung zum Übergang in Klasse 5

Cornelsen

English G 2000

Herausgeber
Prof. Hellmut Schwarz, Mannheim

Carry on · Handreichung zum Übergang in Klasse 5
Band D1

Erarbeitet von
Martina Schroeder, Stedtlingen (*Welcome*, Units 2, 3); Heike Meisner, Bad Klosterlausnitz (Units 1, 4); Heike Hoppe, Arnstadt (Unit 5); Manuela Feierabend-Vonhausen, Bad Rodach (Unit 6); Silvia Exner, Roßleben (Unit 7)

in Zusammenarbeit mit der Englischredaktion
Filiz Bahşi (verantwortliche Redakteurin), Cedric J. Sherratt (Projektleitung), Kathrin Spiegelberg *sowie* Melanie Woolford

Beratende Mitwirkung
Heidi Barucki, Borkheide; Sibylle Dopfer, Berlin; Karin Kania, Berlin

Illustration
Eva Muszynski, Berlin

Umschlaggestaltung
Knut Waisznor

Technische Umsetzung
Eva Schmidt

Textquelle
"The Morning Rush" © 2000 John Foster, from "Rhyme Time: Around the Day" (Oxford University Press), included by permission of the author.
(Unit 5, Seite 31)

Cornelsen online http://www.cornelsen.de

1. Auflage   Druck 4 3 2 1   Jahr 07 06 05 04

Druck: Saladruck, Berlin

ISBN 3-464-36032-6

Bestellnummer 360326

Gedruckt auf Recyclingpapier, hergestellt aus 100 % Altpapier.

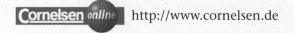

Inhalt

Erläuterungen der Abkürzungen und Symbole

L	Lehrer/in
S	Schüler/in oder Schüler/innen
EK	Einführungskurs
GA	Gruppenarbeit
GS	Grundschule
GS-E	Grundschulenglisch
HA	Hausaufgabe
KV	Kopiervorlage
PA	Partnerarbeit
SB	Schülerbuch
TB	Tafelbild
WB	Workbook
HBU	Handbuch für den Unterricht
Alt.	Alternative Vorgehensweise
Ex.	Exercise
Zus.	Zusätzliche Übung
▶▶▶	Hinweis auf Begleitmaterialien

Vorwort

Ausgangssituation

Ab dem Schuljahr 2004/2005 erhalten alle Grundschülerinnen und –schüler in allen Bundesländern Unterricht in Englisch oder einer anderen Fremdsprache. Viele Länder haben damit bereits früher begonnen. Die meisten Länder fangen in Klasse 3 an, andere bereits in Klasse 1. Somit kommen die Schüler/innen zunehmend mit Fremdsprachenkenntnissen in die 5. Klasse. Diese Entwicklung setzt sich in den nächsten Jahren fort, bis im Jahre 2007 alle Schüler/innen bundesweit Fremdsprachenkenntnisse aus der Grundschule in die 5. Klasse mitbringen werden.

Das Prinzip des frühen Fremdsprachenlernens ist damit Realität geworden und wird auch nicht mehr ernsthaft in Frage gestellt. An die Stelle der jahrelangen Auseinandersetzung um die Vor- und Nachteile von Fremdsprachenunterricht in der Grundschule ist in den letzten Jahren ein neuer Diskussionsgegenstand getreten – die Frage des so genannten „Übergangs“: **Wie wirkt sich die oben beschriebene Entwicklung auf die Sekundarstufe I ab Klasse 5 aus?** Einige Bundesländer – allen voran Thüringen – haben bereits Erfahrungen mit der Fortführung des Englischunterrichts in Klasse 5 gemacht und sich ernsthaft mit dem Thema auseinander gesetzt.

Hilfestellungen und Antworten bietet ***Carry on:*** Als ergänzende Handreichung zum Lehrwerk ***English G 2000*** konzipiert, kann das Heft am besten gemeinsam mit den ***Handreichungen zum Unterricht*** (Band 1) eingesetzt werden.
Carry on begleitet die Lehrkraft ab der unmittelbaren Übergangsphase zu Beginn der 5. Klasse durch das ganze Schuljahr und den ganzen ersten Band von ***English G 2000***. Diese Handreichung ist somit keine theoretische Abhandlung, sondern eine **praktische Hilfestellung** für das ganze Schuljahr. Die Autorinnen haben selbst in 5. Klassen unterrichtet, deren Schüler/innen bereits zwei Jahre Englischunterricht in der Grundschule erhalten haben.

An dieser Stelle möchten wir uns ausdrücklich beim Thüringer Lehrerfortbildungsinstitut in Bad Berka bedanken. Die vom THILLM in Zusammenarbeit mit Englischlehrkräften aller Schularten entwickelten Fortbildungsmodule zur Weiterführung des Englischunterrichts in Klasse 5 haben wichtige Einblicke für die didaktisch-methodische Gestaltung des Englischunterrichts in dieser Phase gegeben.

Zur Konzeption von *Carry on*

In letzter Zeit ist vieles zum Thema „Übergang“ geschrieben worden. Vernünftigerweise wird der Begriff „Übergang“ zunehmend durch die Bezeichnung „Fortgeführter Fremdsprachenunterricht“ ersetzt. Dies belegt die Tatsache, dass es nicht nur um eine begrenzte „Übergangsphase“ zu Anfang der 5. Klasse geht, sondern um den nachhaltigen Einfluss auf den Fremdsprachenunterricht ab der 5. Klasse, der jetzt von veränderten Voraussetzungen ausgehen muss. Schließlich ändert sich die Ausgangslage in Klasse 5 durch die Einführung von Grundschulenglisch enorm. Das Hauptproblem für die Lehrkräfte ist dabei die Tatsache, dass durch die nunmehr bereits vorhandenen Englischkenntnisse der berühmte „Nullpunkt“ entfällt. Bisher konnten die Lehrkräfte davon ausgehen, dass die Schüler/innen kaum Englischkenntnisse hatten, außer denen, die sie ihnen ab der 5. Klasse sukzessive vermittelten. Neuerdings müssen die Lehrkräfte berücksichtigen: Es sind Kenntnisse vorhanden, die es zu ermitteln und aufzugreifen gilt und auf die man aufbauen muss. Der **Paradigmenwechsel** ist also mehr methodischer als inhaltlicher Natur.

Der Unterricht verliert dadurch seinen primär *input*-orientierten Ansatz: Nun muss er sich an entscheidenden Stellen (wie z.B. bei der Einführung eines neuen Themas oder zu Beginn einer neuen *Unit*) zunächst am *Output* der Schüler/innen ausrichten, denn jetzt haben sie von Anfang an nicht nur inhaltlich, sondern auch schon sprachlich etwas beizusteuern. Dieser *Output* bildet also jetzt die Basis für den folgenden Unterricht – nicht mehr der neue Lernstoff. Der *Input* der Lehrkraft (Sprachzuwachs und -erwerb fortführen und vertiefen) folgt dem *Output*, anstatt ihm vorangestellt zu sein, und baut auf ihm auf.

Zur Arbeit mit *Carry on*

Carry on liefert Hilfestellungen, mit denen sich das Wissen der Schüler/innen eruieren und zusammentragen lässt:

Teil 1 begleitet die Lehrkraft durch jede *Unit* und weist auf diejenigen Stellen hin, an denen die Lehrkraft mit großem Gewinn die vorhandenen Kenntnisse der Schüler/innen abrufen und mithilfe des bereits vorhandenen Materials vertiefen kann. Die Grundfragen im Umgang mit den Themenbereichen im Schülerbuch lauten:

- Wie erfasse ich bereits vorhandene Sprachmittel aus der Grundschule?

  Erfassen des Vorhandenen

- Wie kann ich sie in der Unit nutzen, mit Neuem verbinden und weiterführen?

  Verbinden mit dem Neuen

Teil 2 enthält einen Evaluationsbogen, der zur Ermittlung der individuellen Vorkenntnisse zu Beginn der 5. Klasse beiträgt sowie 23 Kopiervorlagen, auf die im Textteil verwiesen wird. Zusätzlich ist ***Carry on*** eine Folie beigelegt.

Da die Schüler/innen bereits mit Vorkenntnissen in die 5. Klasse kommen, zeigt ***Carry on*** anhand von ***Welcome,*** wie die Lehrkraft am effektivsten in den ersten Stunden der Klasse 5 arbeiten kann und verweist nur noch partiell auf geeignete Übungen im Einführungskurs.

Die ***Lead-ins*** gewinnen an Bedeutung und erhalten eine neue Funktion, weil sie durch das Vorwissen der Schüler/innen nicht mehr nur als Einführung in das Thema mit erster Lexikvermittlung dienen, sondern auch bereits *output*-orientiert sind. Hier zeigen die Schüler/innen, was sie bereits ausdrücken können, was sie zu einzelnen Themen wissen und wie groß ihr Wortschatz ist. Der Motivationsaspekt der ***Lead-ins*** steigt dadurch enorm.

Außerdem enthält der Textteil einen Wortschatzkasten, der die Lexik der *Unit* im Hinblick auf diejenigen Wörter gliedert, die die Schüler/innen wahrscheinlich aus der Grundschule mitbringen. Diese Informationen bieten der Lehrkraft am Anfang jedes neuen Themas eine Orientierungshilfe, um das Vorwissen der Schüler/innen einschätzen zu können.

Carry on zeigt Wege auf, um Lernstände individuell weiterzuführen und bedient sich dabei der in ***English G 2000*** eingeführten **Techniken und Strategien zum eigenständigen Lernen**, wie z.B. des Erstellens von *networks* oder der Arbeit mit dem *Scrapbook* zur Betonung individueller Lernergebnisse und Produkte.
Ob es die *ACTIVITIES* oder die *NOW YOU*-Teile sind, mit denen *Output* von den Schüler/innen gefordert wird, bevor neuer *Input* folgt, ob es die Partnerübungen sind, die *QUESTIONNAIRES* oder die *Information gap exercises* – all diese speziellen Elemente hat ***English G 2000*** von Beginn an enthalten. Nun gilt es, sie mit ***Carry on*** herauszustellen und zu verstärken.

WELCOME

Voraussetzungen

Der in Welcome auftretende Wortschatz sowie die Strukturen sind den S überwiegend aus der GS bekannt, d.h. sie beherrschen die Wörter und Strukturen mündlich, wenn auch quantitativ und qualitativ unterschiedlich. Unter dem Gesichtspunkt der Progression geht es deshalb darum, die vorhandenen lexikalischen Einheiten zu erfassen und zu festigen. Welcome bietet den S eine gute Gelegenheit zu zeigen, was sie können und bereits gelernt haben. Das Vorhandene ist vor allem „mündlich" bekannt. Das Erlesen von Texten und die systematische Arbeit mit dem Schriftbild stellen einen neuen Lernschritt dar. Diese Bereiche müssen deshalb besonders im Mittelpunkt stehen, d.h. L soll die S anregen, Wörter, Arbeitsanweisungen usw. zu erlesen und vielfältige Schreibanlässe wahrzunehmen.

Wortschatz

HELLO	MY CLASSROOM	COLOURS
Hello./Hello everybody./Hi.	**classroom**	**What colour is it?**
Good morning/afternoon/ evening/night.	**board**	**black**
Nice to meet you.	**poster**	**blue**
What's your name?	**bin**	brown
– My name is ...	**desk**	golden
Is your name ...?	**chair**	**green**
Yes, my name is .../	**school bag**	grey
No, my name is not ...	**book**	orange
Where are you from?	exercise book	pink
– I'm from ...	paper	purple
Where do you live?	**pencil-case**	**red**
– I live in ...	**pen**	silver
How are you? – I'm fine, thanks./So-so./I'm OK./I'm not so well./ I'm tired/happy/sad.	**pencil**	**white**
How old are you?	**biro**	**yellow**
– I'm ten/...	**felt-tip**	
When is your birthday?	highlighter	
– My birthday is in January/...	pencil sharpener	
Goodbye./Bye./See you./ Have a nice day.	**rubber**	
	ruler	
	glue	
	glue stick	
	scissors	
	go to school	
	do homework	
	take out ...	
	draw	

normal = nur GS-E **fett** = GS-E + vorliegende Unit

Lead-in (SB, Seiten 6–7)

Diese beiden Seiten sollten, wie im HBU (S. 67) beschrieben, abgehandelt werden. Besonderes Augenmerk verdient die ACTIVITY, die die S noch einmal darauf aufmerksam macht, dass sie bereits viele englische Wörter aus der GS und ihrer täglichen Umwelt kennen.

Themenbereich 1	What's your name? (SB, Seite 8)

Erfassen des Vorhandenen

Nach Englisch in der GS und dem Neuanfang in einer neuen Schule und einer neuen Klasse ist eine reale Situation zum Sichvorstellen und einer Kennenlernrunde gegeben. Deshalb bietet es sich an, dass die S im Kreis sitzen und das Kennenlernen durch einen Ball oder andere Möglichkeiten des Aufforderns zum Sprechen vonstatten geht. Einfache Fragestrukturen dürften den S bereits aus der GS geläufig sein.
L stellt sich zunächst mit seinem/ihrem Namen vor *My name is … and I'm from …* und fragt den/die erste/n S nach seinem/ihrem Namen: *What's your name?* Nachdem diese/r S geantwortet hat, befragt L den/die nächste/n usw.
Die Frage nach dem Wohnort wird im Anschluss hinzugenommen und die Fragekette wird fortgesetzt. Bei leistungsstarken Gruppen können beide Aspekte gemeinsam erfragt werden.

Alt. Lieder haben in der GS eine bedeutende Rolle gespielt. Das Lied *Good Morning* kann gut zu Beginn der ersten Stunde vorgespielt und gesungen werden, da die enthaltenen Strukturen aus der GS bekannt sein sollten. Nach diesem grundschulgemäßen Einstieg kann L zur Klassensituation überleiten:
L *Good Morning. How are you? My name is …*
Sollte das Lied nicht an dieser Stelle behandelt werden, eignet es sich gut zum Auftakt der zweiten Stunde.
Alt. Die Methode des Kugellagers ist ebenfalls sehr gut zum Kennenlernen und Sichbefragen geeignet.

Da den S das Schriftbild der Satzstrukturen nur wenig bekannt sein wird, kann die Vermittlung mithilfe von *phrase cards* erfolgen (KV 1).
Die S legen die Fragen und Antworten (A-Teil der KV 1) passend zueinander, diese werden verglichen und im Chor gelesen. In PA kann der Minidialog dann gelesen werden und es entsteht somit ein erstes kleines Gespräch, welches später erweitert wird (B-Teil der KV 1; vgl. *Can you count?*).

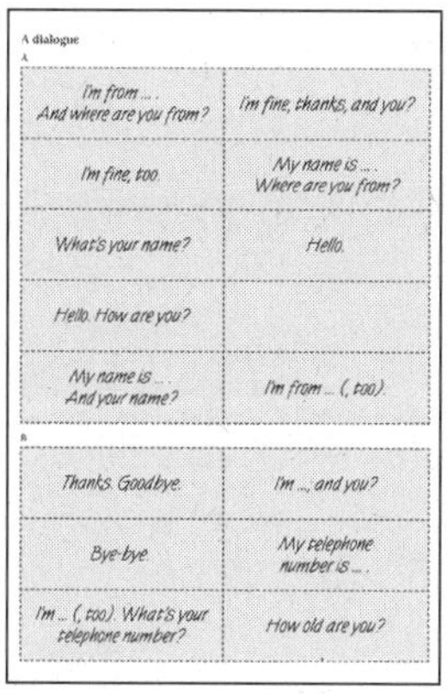

A dialogue

A

I'm from … . And where are you from?	I'm fine, thanks, and you?
I'm fine, too.	My name is … . Where are you from?
What's your name?	Hello.
Hello. How are you?	
My name is … . And your name?	I'm from … (, too).

B

Thanks. Goodbye.	I'm …, and you?
Bye-bye.	My telephone number is … .
I'm … (, too). What's your telephone number?	How old are you?

Kopiervorlage 1

▶▶▶ → Kopiervorlage 1

Lösungen

A *Hello. – Hello. How are you?*
I'm fine, thanks, and you? – I'm fine, too.
What's your name? – My name is … . And your name?
My name is … . Where are you from? – I'm from … . And where are you from?
I'm from … (, too).

B *How old are you? – I'm …, and you?*
I'm … (, too). What's your telephone number? – My telephone number is … .
Thanks. Goodbye. – Bye-bye.

Einige der Gespräche werden im Anschluss laut vorgetragen. Danach schreiben die S ihren Dialog mithilfe der Wortkarten ins Heft.

Verbinden mit dem Neuen

L präsentiert den Dialog von Alexander und Dilek (CD/Kassette). Dies kann zunächst als kurze Hörübung gestaltet werden. Die S erhalten den Hörauftrag, den Namen und die Stadt herauszufinden.
TB

NAME?	…	Dilek
FROM?	…	…

Nach der Kontrolle des Hörverstehens wird das Gespräch von den S gelesen. Im Anschluss daran stellen sich die S kurz vor der Klasse oder im Kugellager gegenseitig vor.

Themenbereich 2

Can you count? (SB, Seite 8)

An dieser Stelle erfolgt lediglich die Wiederholung der Zahlen von 1–14. L kann auch ohne Probleme bis 20 erweitern. In Topic 2 (SB, S. 38–39) lernen die S dann die Zahlen einschließlich der Lautschrift und Schreibung bis 1000.
Die S können aus der GS mindestens bis 20 zählen, meist schon bis 100. Das zeigen sie auch gern. Das Problem ist hier das Schriftbild der Zahlwörter.

L fordert die S durch Zeigen mit den Fingern und mit der Frage *Can you count?* (TB) zum Zählen vorwärts und rückwärts auf. Zur weiteren mündlichen Festigung der Aussprache können Mathematikaufgaben, Pantomime, das Schreiben der Zahlen auf den Rücken des Partners oder auch Zifferkarten dienen.
Ebenfalls gut geeignet ist der *jazz chant* aus dem EK (S. 3).
Das Schriftbild der Ziffern bis 20 kann mithilfe eines Puzzles (KV 2) vermittelt werden. Die S finden die Zahlwörter aus dem Puzzle und schreiben sie auf.

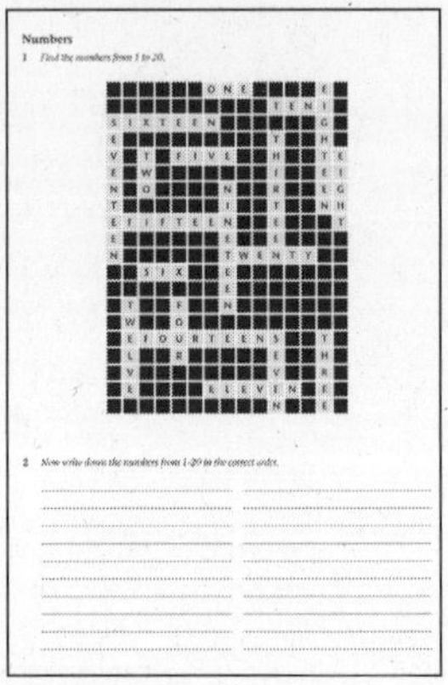

Kopiervorlage 2

▶▶▶ → Kopiervorlage 2

Zur Festigung kann L in der Klasse einen Wettbewerb durchführen, eine aus der GS typische Lernform. Bankreihen- bzw. gruppenweise lässt L die S die Zahlen 1–14 (bzw. 20) an die Tafel schreiben. Der/Die jeweils erste S bekommt die Kreide und beginnt mit *one*. Er/Sie gibt dann die Kreide an den/die nächste/n S weiter, der/die *two* anschreibt usw. Gewonnen hat die Gruppe, die alle Zahlwörter bis 14 (bzw. 20) am schnellsten und richtig an der Tafel hat.

How old are you?/What's your telephone number?
Da neben dem Alter in die Gespräche der S auch die Telefonnummer aufgenommen werden kann, ist die Ziffer 0 [əʊ] mit aufzunehmen.
Die Fragen nach dem Alter und der Telefonnummer werden zunächst in Form einer Gesprächskette in der Klasse wiederholt und gefestigt (HBU, S. 68), bevor L zum Schriftbild übergeht. Dieses kann durch weitere Wortkarten erfolgen, die den Dialog der S fortsetzen (B-Teil der KV 1).

Hörverstehen hat in der GS eine wichtige Rolle gespielt and darf deshalb auch in dieser Phase des Einstiegs nicht vernachlässigt werden. Die S hören Dialoge aus dem EK (S. 2, Ex. 2) und notieren sich die Telefonnummern der Kinder. Anschließend vergleichen sie ihre Notizen mit ihrem/-r Partner/in und befragen einander zu ihrer Telefonnummer.
Eine weitere Hörübung ist Ex. 3 im EK (S. 4), die gut zur Festigung geeignet ist.

Themenbereich 3

Can you spell? (SB, Seite 9)

Das Alphabet ist für die S neu einzuführen. Daher sollte für diesen Abschnitt ausreichend Übungszeit und Übungsvariation veranschlagt sowie in den folgenden Stunden an geeigneten Stellen trainiert werden.

Zur Vorbereitung des Lieds (SB, S. 9) beschreiben einige S insgesamt 26 DIN-A5-Karten mit den einzelnen Großbuchstaben des Alphabets in Druckschrift und diese werden an die Tafel geheftet.
Die S hören das Lied mehrmals und singen mit. Dann suchen sie Lautähnlichkeiten mit dem deutschen Alphabet und benennen diese.
Zus. L kann in leistungsstarken Lerngruppen die Lautschrift auf gesonderten Kärtchen vorbereiten und die S ordnen sie den entsprechenden Buchstabenkarten zu.
Zur weiteren Vertiefung kann L mit bereits bekannten oder auch lautgetreuen Wörtern aus der GS (z.B. *dog, red, fish*) arbeiten. Er/Sie verteilt die Buchstabenkarten in der Klasse und fordert die S mit dem entsprechenden Buchstaben auf, nach vorne zu kommen.
L *Give me a D.*
S mit *D* kommt nach vorne und heftet seinen/ihren Buchstaben an die Tafel. Die S wiederholen im Chor den Buchstaben usw. Wenn alle Buchstaben an der Tafel sind, erlesen die S das Wort. Im Anschluss daran kann noch einmal buchstabiert werden.
Zus. Buchstaben werden in beliebiger Reihenfolge angeheftet und die S bilden daraus Wörter:

H-A-W-T *what*
I-G-H-T-E *eight*
U-R-O-Y *your*
...

Wer zuerst das Wort erraten hat, ruft *stop* und buchstabiert die korrekte Reihenfolge.

Eine weitere Übungsmöglichkeit ist im EK auf S. 5 (Ex. 2). Die S hören die Kurzdialoge, in denen die sechs Kinder ihre Namen buchstabieren. Beim zweiten Hören notieren die S die Namen, die buchstabiert werden, lesen sie danach vor und buchstabieren sie noch einmal. In PA bereiten die S ähnliche Dialoge vor und sprechen sie vor der Klasse.

Weitere Vorschläge zum Üben des Alphabets:
- *The letter number box* (SB, S. 9)
- *hangman*
- Buchstaben, später kurze Wörter dem/der Partner/in mit dem Finger auf den Rücken schreiben
- bekannte Abkürzungen, wie USA, MTV, CD, DJ, VH1, sammeln

Themenbereich 4

What's this in English? (SB, Seite 10)

Die Vokabeln zu den Gegenständen im Klassenraum/in der Schultasche, die den S aus der GS vertraut sind, können zunächst mit Realia gesichert werden.
Bei leistungsstarken Klassen mit sehr guten Vorkenntnissen kann man bereits mit Rätseln beginnen, unterstützt durch Gestik:
L *What's this in English? It is black or green. It is big and in our classroom. I can write on it. – Board.*
...

Zur Präsentation des Schriftbildes bietet sich die Arbeit mit Wortkarten an, wie im HBU (S. 70) beschrieben.
Nun betrachten die S das Bild im SB. Gemeinsam wird das Bild besprochen und die Wörter gelesen. In PA zeigt jeweils ein/e S auf den Gegenstand *What's this in English?* und der/die zweite S liest das dazugehörige Wort.

Das Schriftbild kann durch die Ex. 1 im EK (S. 8) und die Wortschlange im SB (S. 10) gesichert werden. Die KV 3 bietet ein Kreuzworträtsel und sichert das Schriftbild im Kontext. Da die KV 3 das Erlesen von längeren Sätzen erfordert, eignet sie sich besonders für leistungsstarke S.

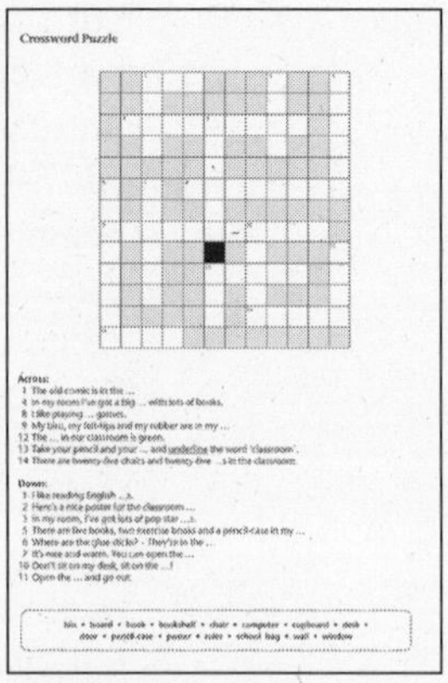

Kopiervorlage 3

▶▶▶ → Kopiervorlage 3

Lösungen Across: (1) *bin,* (4) *bookshelf,* (8) *computer,* (9) *pencil-case,* (12) *board,* (13) *ruler,* (14) *desk*
Down: (1) *book,* (2) *wall,* (3) *poster,* (5) *school bag,* (6) *cupboard,* (7) *window,* (10) *chair,* (11) *door*

Da die S dieser Altersstufe gerne englische Lieder singen, sollte das Lied *Pen and pencil* (EK) zur Festigung gesungen werden. Man kann S auswählen, die einzelne Gegenstände hochhalten, sobald sie im Lied auftauchen oder die S ordnen sie beim ersten Hören nach der Reihenfolge, wie sie im Lied vorkommen. Dann wird gemeinsam gesungen und die Gegenstände werden hochgehalten, wenn sie genannt werden.

Es bietet sich nun an, zur Klassensituation überzugehen und möglicherweise den regelmäßigen Plural und die Struktur *I've got …* einzubeziehen. Beides sollte den S aus der GS bekannt sein.
L-S-Gespräch:
L *Let's count the girls/boys in our class. …*
And the desks and chairs? …
Now let's look in my school bag. (L kann seine/ihre oder eine extra vorbereitete Schultasche auspacken.) *Count the books, please. …*
And what about my pencil-case? What have I got in my pencil-case?…
L packt seine/ihre Federtasche aus und lässt die Gegenstände von den S benennen. Das weckt Neugier und schafft Spannung. Anschließend kommen einige S freiwillig nach vorne und stellen ihre Federtaschen vor, bevor sie einander in PA ihre Federtaschen vorstellen. Diese Übung kann auch zur Sicherung des Schriftbilds genutzt werden, indem die S eine Liste schreiben, was alles in ihrer Schultasche ist.
Die Kontrolle der Liste kann in PA mithilfe des SB oder der eigenen Aufzeichnungen erfolgen.

Nach den Regeln des Spiels „Kofferpacken" kann L die Vokabeln zu diesem Thema festigen und das Gedächtnis trainieren:
L *In my schoolbag I've got a …*
Der/Die nächste S muss den ersten Gegenstand wiederholen und einen weiteren nennen usw. S, die beim Wiederholen der genannten Gegenstände Fehler machen oder zu lange stocken, scheiden aus.

Themenbereich 5 — What colour is it? (SB, Seite 11)

Die genannten Farben im Buch sind den S mit Sicherheit bekannt, hier kommt es vor allem noch auf das Schriftbild an. L zeigt auf verschiedene Gegenstände oder Kleidungsstücke und fragt: **L** *What colour is it?*
Die S antworten … (wie im HBU, S. 70). L sichert die Aussprache und führt das Schriftbild ein. Dann wird der Kurzdialog im SB präsentiert und in PA eingeübt. Das Lied kann sowohl zur Festigung als auch als Einstieg genutzt werden.

Ex. 1 (S. 9) im EK und die KV 4 sichern die Schreibweise der Farben. Die KV 4 enthält *jumbled words (colours)*, die von den S aufgeschrieben werden. Im Anschluss wird der dazugehörige „Klecks“ in der jeweiligen Farbe ausgemalt.

Jumbled Colours
klach
dre
wolley
regen
hitew
lueb
wrobn
knip
lepurp
delong
reyg
gorena
revlis

Kopiervorlage 4

Viele andere Übungsformen wie
How many words can you make? (SB, S. 11),
My own word snake,
VAS zu Welcome aus dem HBU
sollten zur Festigung des Schriftbildes genutzt werden.

▶▶▶ → Kopiervorlage 4

Lösungen *black, red, yellow, green, white, blue, brown, pink, purple, golden, grey, orange, silver*

Als Abschluss der Arbeit an Welcome kann L einen fiktiven Freund vorstellen (geeignet wäre z.B. ein Poster mit einer interessanten Figur oder möglicherweise bereits Trundle). Die S werden aufgefordert, alle Fragen, die sie bereits in Englisch können, zu stellen. Das sind schon erstaunlich viele, angefangen von *What's your name? …* bis zu *What's your favourite song/pet?…*
Die Fragen werden an die Tafel geschrieben und erst beantwortet, wenn sie richtig sind. L beantwortet die Fragen für seinen Freund, möglichst lustig und interessant und schreibt ein Stichwort auf eine Antwortkarte (Karteikarte DIN A 7). Die S können dann ein Interview durchführen und mithilfe der Antwortkarten die gestellten Fragen beantworten.
Später zeichnen die S einen eigenen „Freund“ in ihr *Scrapbook* und schreiben sich ihre Antworten dazu auf. In PA befragen sich die S zu ihren „Freunden“.

Zus. In Unit 1 können die S nach der Vermittlung von *he/she* erneut über diesen „Freund“ berichten.

1 UNIT 1 Hello, Form 7 CH!

Voraussetzungen

Im Mittelpunkt dieser Unit stehen die Lehrwerkspersonen aus Chester, die in verschiedenen Szenen vorgestellt werden. Damit erfolgt für die S der erste Transfer zu *he*, *she* und *they*. Grundlage für diesen Schritt ist der in der GS und in Welcome erstellte *me*-Text, der in dieser Unit mit der den S bekannten Lexik aufgegriffen wird. Bisher stand stets die eigene Person im Mittelpunkt des Unterrichtsgeschehens. Die S sind es gewöhnt, über sich selbst zu sprechen. Deshalb ist dieser Schritt, andere Personen vorzustellen, ein großer und nicht zu unterschätzender Transfer.
Außerdem erleben die S in dieser Unit erste Systematisierungen der ihnen teilweise bekannten und neuen lexikalischen Einheiten des Verbs *be* sowie der Personalpronomen. Die Bewusstmachung und Systematisierung grammatischer Erscheinungen ist den S aus dem Englischunterricht der GS völlig unbekannt und deshalb mit viel Geschick durchzuführen.

Wortschatz

HELLO

This is (my/his/her/our sister/...). – Is this ...?	**yes**
Here are my friends.	**no**
I've got ... brother(s).	Here you are.
What's her/his name? – His/Her name is ...	**Thank you.** – You're welcome.
He's/She's (11/...). – **Is he/she ...?**	
Who's ...?	
brother	
sister	
friend	

normal = nur GS-E **fett** = GS-E + vorliegende Unit

Erfassen des Vorhandenen

Lead-in (SB, Seiten 12–13)

Da die S mit dem Lernbereich Hörverstehen sehr gut vertraut sind, werden die vorhandenen Fähigkeiten und Kenntnisse über folgende Hörübung zum Lead-in erfasst.
Nachdem die Stadt Chester mithilfe von Landkarte und Fotos/Poster neben weiteren englischen Städten eingeordnet und behandelt wurde, präsentiert L die beigelegte Folie *The children from Kingsway High School* mit den Fotos der Lehrwerkspersonen und Trundle. Dazu liest er/sie den folgenden „Hörtext" mehrmals vor.

Let's meet some children from Chester. There's Jenny Snow. She's eleven. Jenny is from Chester. Chester is a town in England. Jenny has got a sister. Her name is Sally. Her sister Sally is thirteen.
There's Nick Baker, and there's Debbie Baker. Nick and Debbie are twins. Nick is eleven and Debbie is eleven. They're from Chester, too.
There's Sita Gupta. Sita has got a brother. His name is Sanjay. Sita is eleven and Sanjay is fourteen. They're from Chester, too.

There's Ben Scott. He's eleven, too. Ben isn't from Chester. He's from Ashton. (Ashton is a village near Chester.)
Here's Trundle. Trundle is a tortoise. He's twelve.

Für das 1. Hören:
L *What are the children's names?* (L schreibt die Namen an die Tafel.)
Für das 2. Hören:
L *Who is who? Can you point at Ben Scott/Jenny Snow/…?*
Für das 3. Hören:
L *What do you know about Ben/Jenny/…? How old is …? Where is … from?*
Die S notieren sich Zahlen und Schlüsselbegriffe (z.B. *Jenny: 11, Chester, Sally, 13*).
Alt. In leistungsstarken Klassen können die Höraufträge zusammengefasst werden. Ein zweimaliges Hören ist ausreichend.

Verbinden mit dem Neuen

In der Auswertungsphase wird das Schriftbild mit folgendem TB eingeführt. Anstelle der Namen eignen sich die Haftbilder der Lehrwerkspersonen.
TB

Jenny Snow:	*eleven* *her sister Sally – thirteen* *from Chester*
Nick and Debbie Baker:	*twins* *eleven* *from Chester*
Sita Gupta:	*eleven* *her brother Sanjay – fourteen* *from Chester*
Ben Scott:	*eleven* *from Ashton, near Chester*
Trundle:	*a tortoise* *twelve*

Anschließend sprechen die S über die Lehrwerkspersonen. TB und Folie dienen als Unterstützung zum Sprechen. *Here is/This is* sind an dieser Stelle einzuführen.
Zus. Um die Struktur *Here is/This is* zu festigen können die S nach der ACTIVITY (SB, S. 13) eine/n Partner/in in der Klasse interviewen und einen Text über ihn/sie in ihr *Scrapbook* schreiben. Ein Foto kann ergänzt werden.
Es ist auch möglich, über eine/n Freund/in zu schreiben.
L *Ask your partner questions (It's OK to use a little German.) and write a text about him/her in your scrapbook.*

Some help: This is …/Here's …
He's/She's … (eleven).
She's/He's from …
It's a town/village near …
His/Her brother(s)/sister(s) is/are …

A1–A4 (SB, Seite 14) Nachdem A1–A4 präsentiert und mehrfach laut gelesen wurden, kann das Gespräch auf die Klassensituation transferiert werden. Die S sind meist in der Lage, diesen Dialog in Szene zu setzen und möchten ihn spielerisch umsetzen. Da es in Klasse 5 meist eine neue Schülerzusammensetzung gibt, ist diese reale Situation auszunutzen.

Systematisierung von *he, she, it, they*: Mithilfe der Haftbilder oder von Fotos/ Bildkarten werden zunächst folgende oder andere Nomen wiederholt und dem TB zugeordnet.

Jenny, Sita, Ben, Debbie and Nick, Sanjay, Sally, Miss Hunt, Trundle, Mr and Mrs Scott, a pencil-case, a mobile phone, felt-tips
TB

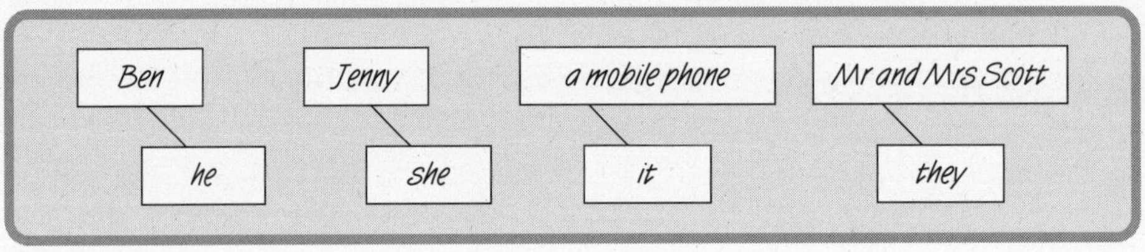

Nach der Bewusstmachung und Systematisierung der Personalpronomen ist die KV 5 zur Erstfestigung einzusetzen.

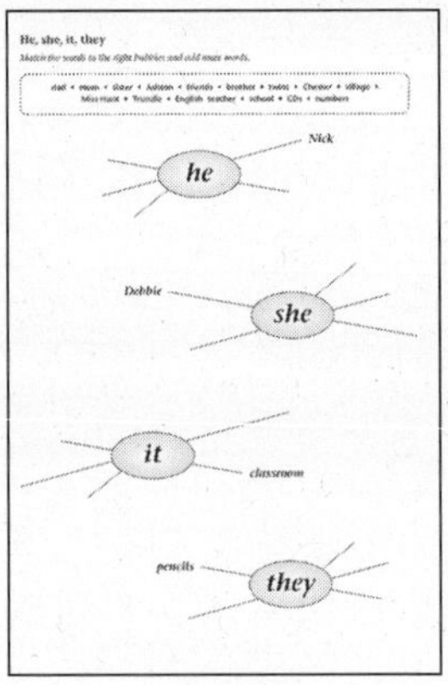

Kopiervorlage 5

▶▶▶ → Kopiervorlage 5

Lösungen
he: dad, brother, Trundle, (English teacher)
she: mum, sister, Miss Hunt, (English teacher)
it: Ashton, Chester, village, school
they: friends, twins, CDs, numbers

Zur weiteren Festigung organisiert L einen Wettbewerb. Die Klasse bildet 2–4 Teams. Jedes Team stellt sich in einer Reihe hintereinander vor der Tafel oder vorbereiteten Flipchartbögen auf und hat eine eigene Farbe (Kreide oder Moderationsmarker).
Entsprechend der Anzahl der Teams ist die Tafel in 2–4 Abschnitte unterteilt bzw. sind 2–4 Flipchartbögen vorhanden. Diese enthalten die Personalpronomem *he, she, it, they*. L oder ein/e S gibt Nomen vor, die die S mit ihrer Farbe an die Tafel bzw. auf die Flipchartbögen zu dem entsprechenden Pronomen schreiben. An einer bestimmten Linie erfolgt die Übergabe der Kreide oder des Markers an den/die nächste/n S im Team. Sieger ist das Team, das die meisten Nomen richtig zugeordnet und richtig geschrieben hat.
Zus. Die Teams dürfen eigene Nomen ergänzen.

A6–A7, Looking at language (SB, Seite 15)

Zur Systematisierung der Formen von *be* eignet sich die KV 6. L erstellt sich diese KV in einer größeren Form, um an der Tafel arbeiten zu können.
Zur KV 6 kann L den S auf einem Extrablatt eine Musterlösung zur Selbstkontrolle anbieten:

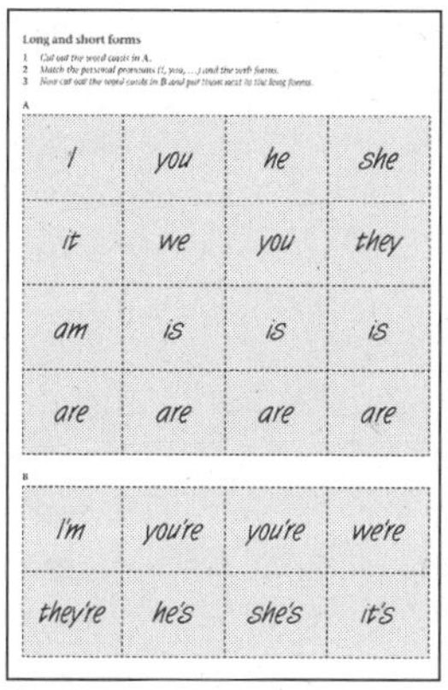

Kopiervorlage 6

▶▶▶ → Kopiervorlage 6

Lösungen

I am – *I'm*
you are – *you're*
he is – *he's*
she is – *she's*
it is – *it's*
we are – *we're*
you are – *you're*
they are – *they're*

Zus. Um die verneinten Formen zu systematisieren, empfiehlt sich das Anfertigen von 7 Wortkarten mit *not* und 7 Wortkarten mit den verneinten Kurzformen, um diese den Wortkarten in KV 6 zuzuordnen und zu üben.

A8–A9 (SB, Seiten 16–17)

Diese Abschnitte können, wie im HBU (S. 82–83) beschrieben, bearbeitet werden.

A10–A14, Looking at language (SB, Seiten 16–17)

Nach A14 (A10–A14 vgl. HBU, S. 83–85) ist KV 7 einzusetzen. Die S sind Puzzles aus der GS gewöhnt. Diese Fertigkeit wird aufgegriffen und mit Sprachmaterial bereichert. Dabei trainieren die S Fragen und Kurzantworten.

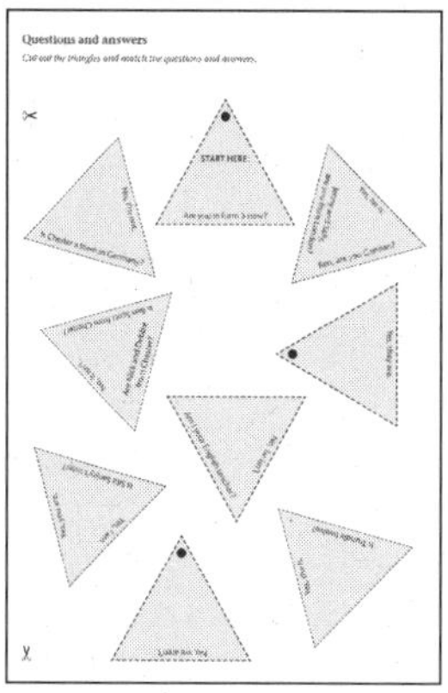

Kopiervorlage 7

▶▶▶ → Kopiervorlage 7

Lösungen

Are you in form 5 now?	*Yes, I am.*
Is Sita Sanjay's sister?	*Yes, she is.*
Is Trundle twelve?	*Yes, he is.*
Jenny and Sally, are you from London?	*No, we aren't.*
Ben, are you German?	*No, I'm not.*
Is Chester a town in Germany?	*No, it isn't.*
Are Nick and Debbie from Chester?	*Yes, they are.*
Is Ben Scott from Chester?	*No, he isn't.*
Am I your English teacher?	*Yes, you are.*

(Wenn alle *questions* und *answers* richtig zusammengefügt sind, ergibt sich ein großes Dreieck.)

Die Hörübung der Unit (SB, S. 21) ist grundschulgerecht aufgearbeitet und sollte, wie im HBU (S. 87) beschrieben, bearbeitet werden.

Da es die S aus der GS gewöhnt sind, zu agieren und Geschichten in Szene zu setzen, sollte der Text der Unit *Home from school!* (SB, S. 22–23), wie im HBU (S. 88) vorgeschlagen, nachgespielt werden.

▶▶▶ Hörverstehen mit *Radio Chester 1, Programme 1: Good morning, Chester*

2 UNIT 2 My family and my pets

Voraussetzungen

Im Mittelpunkt dieser Unit stehen zwei Themen- und Kommunikationsbereiche, *my family* und *my pets*, zu denen die S bereits über umfangreiche Vorkenntnisse aus der GS verfügen.
Es bietet sich an, das Vorwissen der S zu den beiden Themenbereichen getrennt zu erfassen und jeweils in einem Minimodul aufzugreifen und zu vertiefen bzw. zu erweitern. Die S sind zu beiden Themen bereits in der Lage, sich zu äußern, und daran sollte im Lead-in angeknüpft werden. Damit wird die Grundlage für einen *me*-Text geschaffen, der im Laufe der Unit auszubauen ist.

Wortschatz

MY FAMILY	MY PETS	
family	**pet**	*pet shop*
mother/mum/*mummy*	**cat**	**cage**
father/dad/*daddy*	**dog**	**garden**
brother	**hamster**	*toy*
sister	*guinea pig*	
stepmother/-father/ -sister/...	*mouse, mice*	*feed the/a (cat).*
	rabbit	*play*
grandma/*grandmother*	tortoise	*eat*
grandpa	*bird*	*drink*
child, children	**budgie**	
kid	*parrot*	**I've got (a dog).**
girl	*fish*	His/Her name is ...
boy		**Have you got ...?**
twins	*big*	**I haven't got (a cat).**
	small	
I've got (one sister).	funny	*I like (hamsters).*
His/Her name is ...	quiet	*I don't like ...*
My (father)'s name is ...	clever	*Do you like ...?*
He's/She's ... (years old).	silly	
This is (my mother).	nice	
Here's (my grandma).	great	
I haven't got (a brother).	[colours: cf. Welcome]	

normal = bereits im SB eingeführt *kursiv* = nur GS-E **fett** = GS-E + vorliegende Unit

Themenbereich 1 — **My family**

Erfassen des Vorhandenen

In einer vorbereitenden HA erstellen die S eine kleine Collage bzw. bringen Bilder zur Familie mit (evtl. bereits aus der GS vorhanden).
Die S sprechen über ihre Bilder und beantworten die Frage: *Who's in your family?* Das Niveau der von den S produzierten sprachlichen Darstellung wird unterschiedlich sein. Einige S werden mehrere Sätze formulieren, die möglicherweise verschiedene Strukturen enthalten. Andere S benennen die Personen der Fotos nur mit Einzelwörtern. Auf jeden Fall kann L das Vorwissen der S bezüglich ihres Wortschatzes und vorhandener Strukturen erfassen und ein TB, z.B. in Form eines *network* (vgl. HBU, S. 99) oder einer Liste (vgl. HBU, S. 92), entwickeln.

Verbinden mit dem Neuen

Lead-in (SB, Seite 26)

Nach kurzer Überleitung zu den Lehrwerkspersonen kann die erste Seite des Lead-in gemeinsam mit L gelesen werden und der Wortschatzsicherung bzw. -vermittlung dienen:

L *Let's talk about the kids in our English book.*
What do you know about Ben?
S *He's from Ashton. He's eleven.*
L *Look in your book at page 26. Who's with him in the picture?*
S *His grandma.*
L *Who can you see in the other pictures? …*

Es obliegt L, ob an dieser Stelle bereits (erste) Haustiere einbezogen werden.

Im anschließenden L-S-Gespräch kann der noch fehlende Wortschatz zu Familienmitgliedern (vgl. HBU, S. 99: *uncle, aunt, parents, …*) semantisiert, die Aussprache und das Schriftbild gesichert werden. Wenn die S bereits die Strukturen *This is/Here's/I've got/I haven't got* „beherrschen", sollte an dieser Stelle deren Verwendung angeregt und ggf. ausgebaut werden, so dass die S zur nächsten Stunde eine umfassendere Beschreibung ihrer Familie vornehmen können (mündlich). Damit wenden die S (wie auch schon in der GS) Strukturen im Themenkontext an, bevor diese später im SB (A-Teile) thematisiert werden.

Nach der mündlichen Anwendungsphase erfolgt in einer schriftlich orientierten Phase die Festigung des Wortschatzes zum Thema Familie. Vor allem die orthografische Korrektheit sollte im weiteren Verlauf auf unterschiedliche Art und Weise ausgebaut werden. Dafür eignen sich u.a.:

- die WORD WATCH-Übungen 14 und 15 (SB, S. 35),
- das Rätsel auf S. 101 des HBU
- das *network* und der Lückentext auf der KV 8 (beide Übungen verwenden nur – voraussichtlich – bekanntes Vokabular)

Kopiervorlage 8

▶▶▶ → Kopiervorlage 8

Lösungen, Ex. 2 *sister, brother, twins, mother, stepfather, grandmas, grandpa*

A9–A12 (SB, Seite 31)

Mit der Behandlung von A9–A12 wird das Wortfeld zum Thema Familie erweitert *(husband, wife, married, divorced, together, dead)*, und die S lernen Bens Familie in Form ihres Familienstammbaums und durch einen Text kennen. Beides kann als Vorlage für die eigene Darstellung und Textproduktion dienen.
Im anschließenden NOW YOU werden die Aussagen der S über ihre Familien zusammengefasst und durch die Beschreibung der verwandtschaftlichen Beziehungen der Familienmitglieder ergänzt (vgl. HBU, S. 101).

Themenbereich 2 — My pets

Erfassen des Vorhandenen

Der vermutlich recht umfangreiche Wortschatz zu den Tieren sollte zu Beginn erfasst werden. Dazu kann im Frontalunterricht in Form eines Brainstormings ein TB erstellt werden. Es obliegt L, ob er/sie einzelne S die Wörter selbst an die Tafel schreiben lässt, vor allem wenn es sich um eine einfache bzw. dem Deutschen sehr ähnliche Schreibweise handelt. Kennen die S bereits viele englische Bezeichnungen für Tiere, kann gleich in drei Gruppen sortiert werden.

TB

Pets	*Farm animals*	*Zoo animals*
dog	*cow*	*elephant*
cat	*pig*	*bear*
hamster	*horse*	*lion*
…	…	…

Alt. Die S erhalten nach einer kurzen Einführung zum Thema ein Rätsel (KV 9, Ex. 1), in dem nach Haustieren gesucht wird und schreiben die gefundenen Tiere heraus. Nachdem die Tiernamen verglichen wurden, kann die Liste ergänzt werden (vgl. TB, S. 17).
Zur Festigung des Schriftbilds von Tierbezeichnungen eignen sich beide Übungen von KV 9. In Ex. 2 werden Haustiere anhand von Illustrationen identifiziert und ihre Bezeichnungen in das Rätsel eingetragen; aus den richtigen Lösungen ergibt sich das Lösungswort *tortoise*.
Im Anschluss erzählen die S, welche Tiere sie mögen bzw. nicht mögen.

Kopiervorlage 9

▶▶▶ → Kopiervorlage 9

Lösungen, Ex. 1

(1) *budgie*, (2) *cat*, (3) *dog*, (4) *fish*, (5) *guinea pig*, (6) *hamster*, (7) *mouse*, (8) *parrot*, (9) *rabbit*, (10) *tortoise*

Lösungen, Ex. 2

cat, mouse, parrot, hamster, dog, rabbit, fish, budgie = tortoise

Als schriftliche HA schreiben die S je fünf Sätze zu *I like/I don't like* und wählen so ihren individuellen Wortschatz aus. Wenn die Struktur *have got/haven't got* bereits bekannt ist, kann auch diese hier gefestigt werden. Damit werden, wie schon unter *family* beschrieben, Strukturen von den S verwendet, die erst später im SB bewusst gemacht werden. Bei umfangreichem Vorwissen können die S das NOW YOU (SB, S. 29) vorziehen und bereits hier über ihr Haustier sprechen sowie einen Text für ihr *Scrapbook* verfassen (vgl. HBU, S. 97).

Verbinden mit dem Neuen

Lead-in (SB, Seite 27)

Da dieses Thema gut geeignet ist, erste Gedichte zu schreiben, kann durch das Lead-in dazu übergeleitet werden. Die Reime im SB werden zunächst von Kassette/CD präsentiert und im Anschluss laut gelesen. Die S erfassen die Form des Reims und schreiben eigene Verse.

Zus. Bei großem Interesse und/oder einer leistungsstarken Lerngruppe können den S weitere Formen des Gedichte-Schreibens gezeigt werden. Hierzu wäre zunächst das Erfassen und Bereitstellen bekannter Adjektive erforderlich. Die S nennen neben den Farbadjektiven (vgl. Welcome, S. 6) weitere ihnen bekannte Adjektive, die man für Tiere benutzen kann:
L *What can animals be like? They can be big …*
S *… small/funny/quiet/clever/silly/nice/great/…*

Anschließend schreiben die S ein *two-word poem*, in dem sie Eigenschaften nennen, die ihnen an einem Tier gefallen bzw. nicht gefallen; die erste und die letzte Zeile werden vorgegeben, dazwischen können beliebig viele eingefügt werden.

Beispiele:

Clever dogs	*Funny tortoise*
Little dogs	*Silly tortoise*
Black dogs	*Quiet tortoise*
I like dogs. / I love dogs.	*Not for me. / I don't like them.*

Leistungsstarke S können auch nach folgendem Muster dichten, das vielleicht einigen bereits aus dem Deutschunterricht als „Elfchen" bekannt ist.

Pet/Name:	*Cats*
Two adjectives/colours:	*Black and white*
Three verbs (what the pet is doing):	*Sleeping, eating, playing*
It's/He's/She's/They're great:	*They're great*
Pet/Name:	*Cats.*

A1–A8 (SB, Seiten 28–30)

A1–A8 können recht zügig bearbeitet und die fehlenden Sprachmittel vermittelt werden (vgl. HBU, S. 94–98).
Die Struktur *have got* sollte an dieser Stelle gefestigt und auf vielfältige Art und Weise trainiert werden. Übungen mit starker Handlungsorientierung sind den S aus der GS vertraut und sollten hierfür (in PA bzw. GA) aufgegriffen werden.
Beispiele:

- NOW YOU *(questionnaire)* SB, S. 30: Kann nach A8 oder bereits zum Einstieg bzw. zur Erstfestigung nach Erfassen des Vorwissens durchgeführt werden.
- P4 *I've got ... (network)*, SB, S. 33: Das erstellte *network* eignet sich auch gut für die gegenseitige Befragung in PA.

Wenn die S bis jetzt noch keinen Text zum eigenen Haustier verfasst und in das *Scrapbook* geschrieben haben, kann das hier erfolgen (vgl. HBU, S. 97 oben).

Die im A-Teil zu vermittelnden Possessivpronomen sind den S z.T. rezeptiv bekannt. Nach der Bewusstmachung kann eine Systematisierung und (in Ansätzen) Kognitivierung vorgenommen werden, jedoch ist es nicht ratsam, jedes einzelne Pronomen ausführlich zu trainieren. Das stetige Aufgreifen, vor allem auch die Kontrastierung von schwierigen Phänomenen (z.B. *his – he's/your – you're/their – there*), kann nur schrittweise und spiralförmig erfolgen. Für die S ist der Gebrauch der geläufigsten Pronomen (*my, your, his, her, our*) besonders wichtig, da sie diese in ihrer Funktion verwenden müssen.

▶▶▶ Hörverstehen mit *Radio Chester 1, Programme 2: The pet programme*

3

UNIT 3 Around the house

Voraussetzungen

In der Unit 3 ist neben dem Themen-und Kommunikationsbereich *our house/my room* das Verb in der Verwendung im Imperativ und im *present progressive* ein wesentlicher Schwerpunkt. Zum Thema Haus/Zimmer verfügen die S wieder über, wenn auch uneinheitliche, lexikalische Vorkenntnisse aus der GS. Die in Unit 2 vermittelte Struktur *have got* befähigt die S, sich zu ihrem Lebensbereich zu äußern und kann somit gefestigt werden.
Verben spielten in der GS im produktiven Gebrauch nur eine untergeordnete Rolle, jedoch ist der rezeptiv vorhandene Fundus, vor allem auch aus der Unterrichtssprache, nicht zu unterschätzen.

Wortschatz

AROUND THE HOUSE

house	**bed**	**big**
garden	**sofa**	**small**
room	*table*	nice
living-room	chair	great
kitchen	*rocking chair*	
bedroom	cupboard	What's in your room/
bathroom	*wardrobe*	house?
bath	*bookcase, shelf*	*There's a ... in the kitchen.*
hall	(SB: **bookshelf**)	*Is there a ... in the kitchen?*
stairs	desk	*Where do you live?*
attic	radio	*I live in ...*
	TV	
wall	*cooker*	**ACTIONS**
ceiling	*fridge*	
door	*washing machine*	**draw**
window	*toaster*	**listen**
carpet	*lamp*	**play**
curtains	*mirror*	**read**
on the floor	bin	**wear**
	car	**wash**
		watch TV

normal = bereits im SB eingeführt *kursiv* = nur GS-E **fett** = GS-E + vorliegende Unit

Erfassen des Vorhandenen

Mithilfe des Lead-in (SB, S. 40–41) können die S aufgefordert werden, sich zu den abgebildeten Häusern zu äußern, jedoch verleiten die Bildunterschriften dazu, diese vorzulesen, so dass L die eigentlichen Vorkenntnisse nur schwer nachvollziehen kann.
Deshalb kann auch zu diesem Thema von den Lebensumständen der S selbst bzw. des/der L mit entsprechendem Bildmaterial zur visuellen Unterstützung ausgegangen werden (Variante 1, siehe S. 21) oder aber die Folie *The Spook family* (*EG 2000* Foliensammlung, Nr. 10) mit einer sehr kindgerechten Abbildung eines Hauses (Variante 2, siehe S. 21) zur Erfassung der Vorkenntnisse genutzt werden.

Diese Phase des Unterrichts ist gut geeignet, die S mit der Arbeitstechnik des Erstellens eines *network* vertraut zu machen.
Im Unterrichtsgespräch wird der bereits vorhandene Wortschatz erfasst und im *network* festgehalten. Möglicher Ansatz:
TB

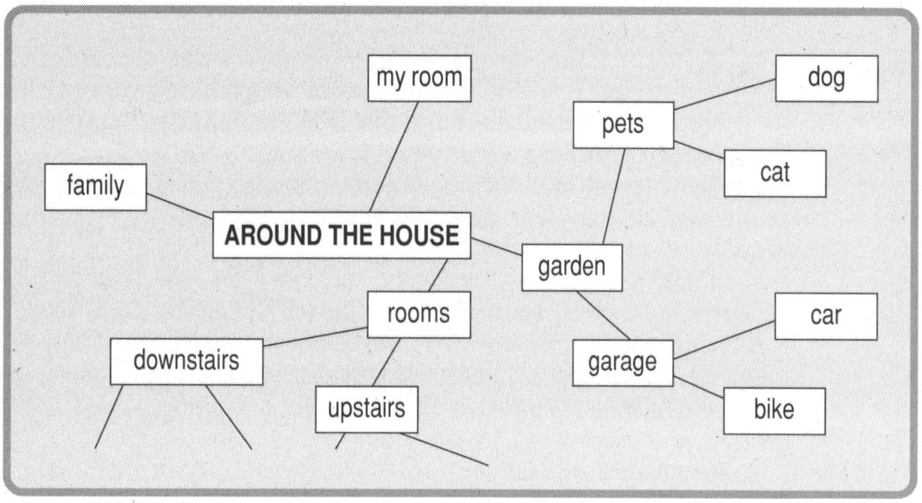

Im Laufe der Unit kann das *network* erweitert und vervollständigt werden.

Variante 1 L erzählt von sich und seinen Wohnverhältnissen. Nach Möglichkeit sollte Bildmaterial zur visuellen Unterstützung herangezogen werden. Im Gespräch geht L dabei gleich auf die Wohnverhältnisse der S ein, indem er/sie Fragen stellt, die von den S beantwortet werden. Währenddessen wird das *network* entwickelt oder Stück für Stück auf einer vorbereiteten Folie aufgedeckt. L kann z.B. folgendermaßen vorgehen:

L *Look at this, please. This is my family, my … and our pets, of course, our dog and Miezi, the cat. And this is our house. We've got a new house with a big garden.*
Have you got a house? (Have you got a flat in a big house?)
Is your house big or small?
Have you got a garden?
Have you got a garage? Is it for one car or for two cars?
We have got a garage, but it's too small for three cars. Our bikes are in the garage, too. We've got seven rooms in our house. The kitchen, the living-room and … are downstairs and …
What rooms have you got in your house?
What rooms are downstairs/upstairs? …

Alt. In leistungsstarken Lerngruppen können die S aufgefordert werden, L zu seinen Wohnverhältnissen zu befragen.

Variante 2 Mit Folie 10 (oder einer anderen für alle S sichtbaren Abbildung eines Hauses) können die S zum Sprechen veranlasst werden. Sie können Äußerungen machen wie z.B.:
This is the Spook family. They are a very big family.
Who's in this family? And what about their house? Is it big or small? Is it old or new? Have they got a big or a small garden? How many cars have they got? How many rooms? Where's uncle Bob?…

Möglicherweise bringen die S Lexikkenntnisse zu den Zimmern bereits aus der GS mit. Andernfalls werden an dieser Stelle die neuen Wörter vermittelt. Auf jeden Fall ist das Schriftbild in Form eines TB zu sichern.

Verbinden mit dem Neuen

Lead-in (SB, Seiten 40–41)

Nachdem die Vorkenntnisse der S erfasst und systematisiert wurden, kann die „neue“ Lexik mit dem Lead-in gefestigt werden. An dieser Stelle können anhand der Lehrwerkspersonen einige landeskundliche Aspekte zu den britischen Häusern einbezogen werden.
Zur weiteren Festigung bietet sich WORD WATCH P12, *Trundle's dream house*, (SB, S. 49) an.

ACTIVITY Die S zeichnen in ihr *Scrapbook* den Grundriss ihres Hauses/ihrer Wohnung bzw. ihres Traumhauses und sprechen darüber. (Hinweis: S, die mehrere Etagen haben, sollten dann jede Etage in der Draufsicht skizzieren, da es sonst zu schwierig wird – vgl. *Ben's house*, SB, S. 41).
Nach der mündlichen Sicherung der Aussagen werden die S aufgefordert, einen kleinen Text zu ihrem Haus/Traumhaus zu verfassen (vgl. auch HBU, S. 110–111).
Mögliche Lösung:
We've got a big and new house. Our house has got seven rooms. The kitchen, the living-room … are downstairs. My bedroom, my parents' bedroom, my sister's room and our bathroom are upstairs. My bedroom is over the kitchen. We've got a small garage for one car and we've got a garden.

Zur neuen Lexik zu den Einrichtungsgegenständen ist analog, wie oben beim Haus beschrieben, vorzugehen. Als Grundlage kann Sitas Zimmer oder ein anderes dem/der L zur Verfügung stehendes Bild zu Möbeln verwendet werden.
Im weiteren Verlauf zeichnen die S ihr Zimmer (ist gut als HA geeignet) und verfassen auch dazu einen kleinen Text. Der Text sollte zunächst mündlich dargeboten werden, später können die S diesen schriftlich verfassen. Vor der mündlichen Präsentation vor der Klasse ist es ratsam, dass die S das Zimmer erst ihrem/-r Partner/in vorstellen. Somit haben mehr S Gelegenheit zum Sprechen. Gewöhnlich ist an dieser Stelle die Bereitstellung von Zusatzlexik wie *wardrobe*, *armchair* usw. notwendig (vgl. auch HBU, S. 110–111).
Mögliche Lösung:
My room is upstairs. It's over the … My room is very small. I've got a bed, a desk, a cupboard and a wardrobe in my room. I haven't got a sofa in my room. I've got posters with horses over my bed. …

Es bietet sich hier an, neben den Präpositionen *over*, *under* die in der Unit 4 zu vermittelnden Präpositionen *in front of*, *behind* und *next to* vorzuziehen.
Zur Lexikfestigung und Wiederholung der Formen von *have* kann ein Fragebogen in der Klasse eingesetzt werden (KV 10). Die S füllen zuerst den Fragebogen für sich persönlich aus. Im Anschluss befragen sie ihre/n Partner/in. Dann können sie über ihre/n Partner/in berichten. Hierbei werden die Formen *has got/hasn't got* sowie die Pronomen *his/her/their* gefestigt. Zu den Fragen *Where are your pets?* und *What rooms are in your house/flat?* bietet es sich an, vorab Zusatzlexik zu sammeln, wie z.B. *hutch*, *tank*, *dining room*, *attic* usw.

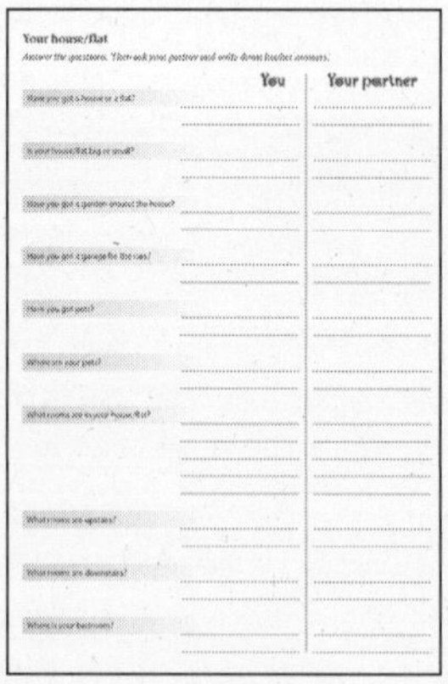
Your house/flat
You | Your partner

Kopiervorlage 10

▶▶▶ → Kopiervorlage 10

A1–A3 (SB, Seiten 42–43) Im A-Teil der Unit 3 liegt der Schwerpunkt auf dem Kennenlernen von Verben, die die S zunächst im Imperativ (bejaht und verneint) und später in der Unit im *present progressive* verwenden.
Nachdem die S in A1–A3 und der dazwischenliegenden ACTIVITY die ersten Verbformen kennen gelernt haben und deren Verwendung im Imperativ bewusst gemacht wurde, sollte das NOW YOU zum Anlass genommen werden, alle verfügbaren Verben, die z.T. auch nur rezeptiv aus der Unterrichtssprache bekannt sind, aus den S herauszubekommen.
Zur Festigung der Verben wird eine Wortschlange genutzt (KV 11).

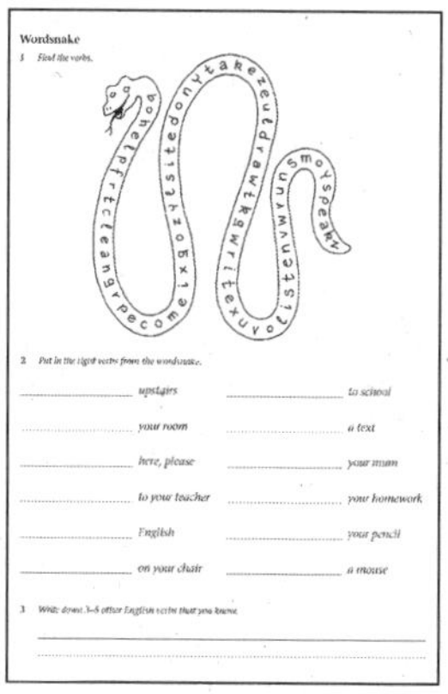
Kopiervorlage 11

▶▶▶ → Kopiervorlage 11

Lösungen *go upstairs – clean your room – come here, please – listen to your teacher – speak English – sit on your chair – go to school – write a text – help your mum – do your homework – take your pencil – draw a mouse*

Danach erstellen die S für den Klassenraum eine Liste mit *Do's* and *Don'ts* im Sinne von Verhaltensregeln im Englischunterricht. In PA sammeln die S *Do's* und *Don'ts* (mindestens jeweils 3). L bespricht im Frontalunterricht die gesammelten Vorschläge und erstellt an der Tafel eine Liste, um die endgültigen Verhaltensregeln für den Englischraum festzulegen. In einer freiwilligen HA können ein bis zwei S ein Poster mit den Regeln anfertigen.

Mögliches Ergebnis:
Do's and Don'ts in our classroom

Speak loudly.	*Don't run in the classroom.*
Listen to your teacher.	*Don't sit on the desk.*
Clean the board.	*Don't talk to your neighbour.*
Write clearly.	*Don't speak German.*
Work with a partner. …	*Don't eat in the lesson. …*

A4–A11 (SB, Seiten 43–45) In diesem Teil der Unit geht es um die Vermittlung und Bewusstmachung des *present progressive*. Die Form des *present progressive* ist den S aus der GS geläufig, z.B. aus Märchen, Bildgeschichten o.ä. Die Funktion und die Bildung sind ihnen jedoch nicht bewusst.
Hier kann KV 12 zur Übung des *present progressive* dienen. Ein/e S mimt das auf der *role card* Dargestellte und die anderen S müssen auf die Frage *What is he/she doing?* antworten.
Alt. KV 12 kann auch in GA bearbeitet werden.

Kopiervorlage 12

▶▶▶ → Kopiervorlage 12

Die A-Teile A4–A11 können, wie im HBU (S. 114–118) beschrieben, behandelt werden. Das Telefongespräch in A11 sollte auf jeden Fall gespielt werden.

SB und WB bieten viele Möglichkeiten, dieses Thema durch handlungsorientierten Unterricht den S nahe zu bringen, wie z.B. P6, P7 und KV 8 im HBU.

▶▶▶ Hörverstehen mit *Radio Chester 1, Programme 3: White on Wednesday*

4 UNIT 4 Happy birthday!

Voraussetzungen

Im Mittelpunkt der Unit 4 steht das Thema Geburtstag mit den dazugehörigen Unterthemen – eine Geburtstagsfeier und deren Vorbereitung, Einladungen zur Party, Geschenke, Essen und Trinken, Songs und Aktivitäten während der Party. Zu diesem Thema verfügen die S über vielfältige lexikalische Vorkenntnisse aus der GS. Lieder, Spiele und evtl. andere Partyaktivitäten haben in der GS eine entscheidende Rolle im ganzheitlichen Lernen gespielt, was aufgegriffen und erweitert werden sollte. Des Weiteren kennen die S einfache Sprachmittel zum Begrüßen, zum Erteilen von Informationen zur eigenen Person und zum Einholen von Informationen, zum Aussprechen von Einladungen und Glückwünschen, zum Bedanken sowie zum Formulieren von Vorschlägen. Diese können reaktiviert und erweitert werden.

Außerdem wird in dieser Unit der Gebrauch der modalen Hilfsverben *can* und *must* eingeführt. Der lexikalische Gebrauch von *can* ist den S aus der GS bekannt. *Could* und *may* für Bitten um Erlaubnis könnten in den Erfahrungsbereich der S aus der GS gehören. *Must* ist zu vermitteln. Dabei kann L insgesamt an dieser Stelle zügig arbeiten, da einerseits Vorerfahrung vorliegt und andererseits durch Äquivalente zur Muttersprache kaum Schwierigkeiten zu erwarten sind.

Wesentlich intensiver ist an der Objektform der Personalpronomen zu arbeiten. Die Vorkenntnisse beschränken sich auf Wendungen wie *Can you help me, please?*

Wortschatz

BIRTHDAY		
Happy birthday.	*sweets*	
present	*chocolate*	**supermarket**
watch (n.)	*candy*	
scarf	*jelly bear*	*sweet*
game	*toffee*	*tasty*
	ice-cream	nice
eat	**popcorn**	great
drink	**sandwich**	
play	**hamburger**	**There's (a birthday cake).**
play football	*hot dog*	**There are (lots of sandwiches).**
ride a bike	*sausages*	
sing	**chips**	**Can we (have a birthday party)?**
dance	*ketchup*	
	pizza	**Yes, you can.**
DREAM FOOD	*spaghetti*	**No, you can't.**
cake		
cheesecake	*drinks*	
(apple) pie	*hot chocolate*	
pancake	**orange juice**	
biscuit	*lemonade*	
cookie	**cola**	

normal = bereits im SB eingeführt *kursiv* = nur GS-E **fett** = GS-E + vorliegende Unit

Erfassen des Vorhandenen

Der vorhandene Wortschatz kann im Brainstorming mit visueller Unterstützung reaktiviert werden. Zur Veranschaulichung sind Realia (Kerzen, Glückwunschkarten, Einladungen usw.) und Fotos einer Geburtstagsparty geeignet. Diese Unterrichtsphase führt zu folgendem Tabellenkopf:

TB

BIRTHDAY

PARTY THINGS	FOOD	DRINKS	PRESENTS
games	biscuits/cookies	orange juice	birthday cards
...	...	...	...

L zeichnet die Tabelle an die Tafel, füllt den Kopf und erste Beispiele dazu aus. Die S übernehmen diese Tabelle.

Alt. 1 Anstelle der Tabelle wird ein *network* erstellt.

Alt. 2 Die S finden die Oberbegriffe für den Tabellenkopf oder das *network*.

L *Well, we've collected lots of words for our topic 'birthday'. Let's put them into groups. What do you think, which words can we put together in one group?*

Dann erhalten die S die KV 13 mit Arbeitsauftrag.

L *Here are some pictures of birthday things and word cards. Match them. Three word cards are empty. Write the correct words on them.*

Die S bearbeiten die KV 13 in PA. Die Wortkarten *biro*, *book* und *felt-tips* sind leer.

In der anschließenden Auswertungsphase wird die Tabelle mit diesen Begriffen ergänzt. L beachtet und klärt dabei die richtige Aussprache.

Alt. L präsentiert die Bilder der KV 13 als Folie, die S benennen die dargestellten Begriffe und ordnen sie der entsprechenden Tabellenspalte oder dem *network*-Zweig zu. L schreibt die Wörter in die Tabelle oder das *network*.

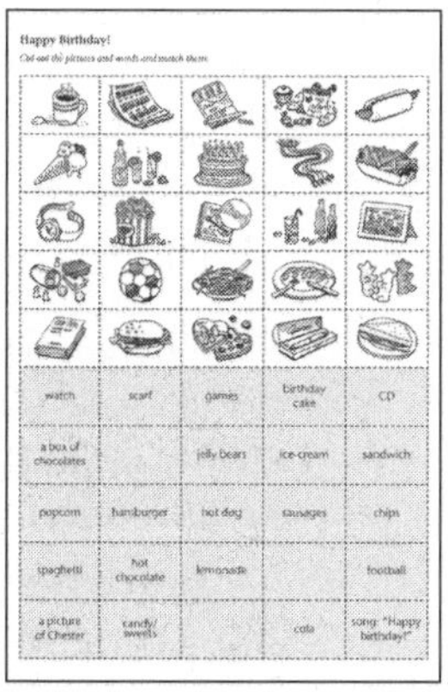

Kopiervorlage 13

▶▶▶ → Kopiervorlage 13

TB

BIRTHDAY

PARTY THINGS	FOOD	DRINKS	PRESENTS
games	biscuits/cookies	orange juice	birthday cards
song "Happy birthday!"	popcorn	hot chocolate	a box of chocolates
invitation	ice-cream	lemonade	watch
candles	hamburger	cola	scarf
guests	chips		a picture of Chester
	birthday cake		football
	sweets/candy		book
	jelly bears		felt-tips
	sandwich		biro
	hot dog		CD
	sausages		*flowers*
	spaghetti		*video*
			calendar
			bike
			mobile phone
			puzzle
			pet
			voucher
			T-shirt
			sticker album

(Die kursiv gedruckten Wörter könnten möglicherweise von den S auf die Frage des/der L *Can you find more words?* geantwortet werden.)

Verbinden mit dem Neuen

Lead-in (SB, Seiten 54–55)

Zur Festigung des Schriftbildes erstellen die S eine Rangliste.
1 *Colour your top 3 in each column/list.*
2 *Now write a 'top 12' list of your favourite birthday words.*
3 *Compare your top 12 with Debbie's and Nick's dream birthday.*
Debbie is dreaming about ... Nick is dreaming about ... I'm dreaming about ...
My friend is dreaming about ... .

Alt. Leistungsstärkere Lerngruppen vergleichen ihre *top 12* mit denen ihres/-r Partners/-in (KV 14).

Kopiervorlage 14

Nick und Debbies Geburtstag kann auf eines der nächsten Geburtstagskinder der Klasse, das eine Party bzw. Einladung unter seinen/ihren *top 12* hat, transferiert werden.
L *When is your birthday?*
Is your birthday in February?
What's the first birthday word on your list?
(Do you like birthday parties?)

▶▶▶ → Kopiervorlage 14

A1–A3 (SB, Seite 56)

Nachdem A1–A3 wie im HBU (S. 128–130) erarbeitet wurden, fertigen die S Einladungskarten für die Party des ausgewählten Geburtstagskindes der Klasse oder für ihre eigene Geburtstagsfeier an. Alternativ kann eine Einladung zu einem Elternabend oder einem anderen Fest geschrieben werden. Dazu müssen den S Sprachmittel zur Verfügung gestellt werden, wie z.B.: *Come to my ... It's on ... It's at ... Bring ...*

A4–A5 (SB, Seite 57)

Nach der Erarbeitung wie im HBU (S.130–132) wählen die S ein Geburtstagsgeschenk für ihr Geburtstagskind aus.
L *Let's find a present for ...*

Die Einkaufsszene aus Topic 4 kann vorgezogen und an dieser Stelle eingesetzt werden, da viele S mit Einkaufsszenen aus der GS vertraut sind. Das Geld muss allerdings vermittelt werden.
Außerdem eignet sich an dieser Stelle der Einsatz von *Radio Chester, Programme 4,* in dem es auch um *really good* oder *really bad birthday presents* geht.

▶▶▶ Hörverstehen mit *Radio Chester 1, Programme 4: Kid's weekend*

A6–A7 (SB, Seite 58)

Nach kurzer Behandlung dieser A-Teile, wie im HBU (S.132–133) beschrieben, bietet sich folgende Übung zur Festigung der Präpositionen an:
L *Draw a table with food and drinks for your birthday party. Colour your things and write the names on them. Use your chart* (siehe TB, S. 25). *Describe your table.*
Mögliche Lösung:
The sausages are next to the orange juice. The cake is between the sausages and the lemonade. The sandwiches are behind the chips. The popcorn is in front of the presents.

A8–A9 (SB, Seite 59)

Zur Festigung der Objektform der Personalpronomen, nach Bearbeitung dieser A-Teile (vgl. HBU, S. 133–134), sind Fotos von berühmten Leuten geeignet, die zur Party von ... eingeladen werden können.
L *Let's invite him/her/them. Do you know ...? Do you like ...? Look at ... .*

A10–A12 (SB, Seite 60) A10–12 werden, wie im HBU (S. 134–135) beschrieben, behandelt.

Nach A12 ist der Einsatz folgender Bildgeschichte (KV 15) zu empfehlen. Die S sind es aus der GS gewöhnt, Aussagen zu Bildern in Form von Einzelwörtern bis hin zu einfachen zusammenhängenden Sätzen zu formulieren. Diese Fähigkeit ist mit dem Angebot einer Bildgeschichte zu nutzen und mit neuen Themen weiterzuentwickeln.
Zur Arbeit mit KV 15:
1 *What can you see in picture 1, 2, 3, …?*
2 *What are they doing?*
3 *Tell the story.*

Alt. In leistungsstarken Lerngruppen kann KV 15 als Folie mit verdeckter Schrift präsentiert werden.

Kopiervorlage 15

▶▶▶ → Kopiervorlage 15

Lösungen Laura's birthday party
1 *It's Laura's birthday. Her friends are coming with flowers and presents. (Laura is at the door.)*
2 *Laura's friends are giving (their) presents to Laura. Laura is happy.*
3 *Laura's friends are sitting at the birthday table. A special guest is sitting at the table, too. It's …*
4 *Laura's mother is coming into the living-room with a birthday cake with (12) candles (on it). A black cat is jumping in front of her mother('s feet.)*
5 *Laura's mother is sitting on the floor. The cake is on the floor, too. Laura is helping her mother.*
6 *Laura's father is going to the bakery. (But) the bakery is closed. Laura's father is unhappy.*
7 *Laura's father is (back) at home. He is (on the phone,) ordering pizzas.*
8 *Laura and her friends are sitting at the table. They are eating pizza.*

Da das Hörverstehen der S durch den Unterricht in der GS gut entwickelt ist, sollte keinesfalls auf die Hörübung P 14 *The day of the mice* (SB, S. 64) verzichtet werden. Diese Hörübung dient nicht nur der Weiterentwicklung dieses Lernbereichs, sondern wird auch dem ganzheitlichen Lernen der S gerecht.
Der Text *Twelve little cakes* (SB, S. 66–67) kann, wie im HBU (S. 140–141) beschrieben, erarbeitet werden. Bei dieser Vorgehensweise werden Techniken aus der GS aufgegriffen, mit Neuem verbunden und weiterentwickelt.
Zur weiteren Festigung des Schriftbildes können die S einen *party planner* für ihre Geburtstagsparty oder eine andere Party ausfüllen. Die Punkte auf dem *planner* erarbeitet L vorab mit den S.

Mögliche Lösung:

Come to my/our party!	*Type of dress:*
Party host(s):	*Food:*
Type of party:	*Drinks:*
Place:	*Music:*
Time:	*Activities:*
Date:	*Equipment:*
Guests:	*Other notes:*

5 UNIT 5 Kingsway High School

Voraussetzungen

Im Mittelpunkt der Unit 5 stehen die Themen und Kommunikationsbereiche *school* und *my day*.
Die S werden mithilfe der reaktivierten und neu vermittelten Lexik befähigt, über ihre Schule, ihren Schulalltag und ihre Hobbys zu sprechen. Dabei verwenden sie das *simple present* (bejahte und verneinte Aussagesätze) unter Einbeziehung von Häufigkeitsadverbien (z.B. *always, never, usually*).
Vorkenntnisse aus der GS sind in dieser Unit lediglich hinsichtlich der Freizeitaktivitäten zu erwarten.
Der Themenbereich *school* eignet sich zur Durchführung eines Projekts. So wird an das aus der GS bekannte Unterrichtsprinzip des handlungsorientierten Lernens angeknüpft.

Wortschatz

MY (SCHOOL) DAY

lunch	(go) curling / …	(soft) toys
breakfast	in-line skating	toy cars
	sailing	
get up	(ice) skating	**I like** (to) **…**
meet (friends)	skiing	**I don't like** (to) **…**
take off	sledging	Do you like (to) …?
shoe(s)	snowboarding	Yes, I do. / No, I don't.
	swimming	
		My favourite sport is football.
HOBBIES	in-line skates	
sport(s)	mountain bike	
	roller-blade	
(play) basketball / …	skateboard	
volleyball		
tennis	**collect stamps / …**	
table tennis	teddy bears	
darts	dolls	

normal = nur GS-E **fett** = GS-E + vorliegende Unit

Themenbereich 1 — **School**

Erfassen des Vorhandenen

Vorkenntnisse aus der GS sind hier hauptsächlich auf landeskundlichem Gebiet in der Muttersprache zu erwarten. Die S bringen Hintergrundwissen zum Schulalltag in Großbritannien mit, z.B.: Schuluniformen, späterer Unterrichtsbeginn, Schulclubs usw.
Deshalb sollten die S an dieser Stelle in ihrer Muttersprache erzählen, was sie alles schon über das Schulleben in Großbritannien wissen. Eine Broschüre über eine britische Schule bietet hierbei visuelle Unterstützung. Englische Wörter, die schon bekannt sind, werden beim Erzählen an der Tafel gesammelt *(uniform, teacher, class, pupils …)*. Diese werden später in einem *network* wieder aufgegriffen.

Alt. In leistungsstarken Lerngruppen zeigt L die Broschüre zur Kingsway High School (oder einer anderen Schule) und das Klassengespräch läuft in Englisch ab:

L *Look here, please. This is a brochure about Kingsway High School in Chester. What do you know about schools in GB?*

Die von den S genannten Informationen werden an der Tafel gesammelt.

Verbinden mit dem Neuen

An dieser Stelle bietet sich die Einführung der neuen Lexik an *(lesson, break, Assembly, canteen)*.

L *Pupils have lessons at school. Let's talk about you. On Monday you have German, English, music ... . Between the lessons you've got a break. After your 5th lesson you've got your lunch break. You can have lunch in the canteen. ...*

Danach erfolgt der Einstieg ins Lead-in.

Lead-in (SB, Seiten 70–71)

L führt folgendermaßen ein:

L *And now let's meet our friends from Chester. They all go to Kingsway High School. Open your books at page 70.*
Have they got a uniform, too? What colour is it?
Now look at page 71. What else do you learn about Kingsway High School?
Read the sentences and match them to the photos.

Anschließend entwickelt L gemeinsam mit der Klasse ein *network* an der Tafel (vgl. *network:* HBU, S. 145).

A1–A5 (SB, Seiten 72–73)

Mit der Behandlung von A1–A4 (vgl. HBU, S. 146–147) wird das Wortfeld zum Thema Schule erweitert.

L *Here is a brochure about Kingsway High School. Read the pages and then have a look at your network. Can you find some more information?*

Die S lesen den Text und ergänzen das *network* zur Kingsway High School zu folgenden Angaben: Clubs, Anzahl der Schüler/innen, Lehrer/innen, Unterrichtsfächer am Vor- und Nachmittag, Uhrzeiten usw.

Im anschließenden NOW YOU erfolgen die ersten Aussagen der S über ihre Schule.

Nach A5 (vgl. HBU, S. 147–148) erhalten die S die Aufgabe, den Stundenplan ihrer Klasse für die ganze Woche aufzuschreiben.

Alt. Den S können auch bestimmte Wochentage zugeordnet werden.

Alt. Jede/r S schreibt seinen Wunschstundenplan auf. Anschließend befragen sich die Partner/innen gegenseitig. Hierfür eignet sich KV 1 aus der Materialsammlung *Kingsway High School Chester.*

Themenbereich 2 — Hobbies/Free time activities

Erfassen des Vorhandenen

Mittels visueller Unterstützung erfasst L bereits aus der GS bekannte Freizeitaktivitäten. Es eignen sich Realia, Bildkarten oder Folie 22 aus der Foliensammlung zu *English G 2000.*

Das Redemuster *What's your hobby? – My hobby is singing (playing football ...).* ist den S aus der GS vertraut.

L vermittelt die Hobbys, die die S noch nicht ausdrücken können. Er/Sie berichtet z.B. über seine/ihre Hobbies bzw. die seiner/ihrer Familienmitglieder *(collect/swap stamps, play in a drama group, play chess, etc.)*.
Nach der mündlichen Wiederholungsphase erhält jede/r S KV 16. Die S schreiben die Aktivitäten unter die entsprechenden Bilder. Die Kontrolle kann hier im Tandem erfolgen. Das bedeutet je zwei S vergleichen ihre gefundenen Tätigkeiten, ggf. versuchen sie sich zu einigen. Danach werden die Antworten mit denen eines zweiten Tandems verglichen. Zum Schluss werden in der Klasse die Antworten besprochen, die in den Tandems keine Übereinstimmung gefunden haben. Bei den Aktivitäten sollte sowohl die Infinitivform als auch die *-ing*-Form akzeptiert werden.

Kopiervorlage 16

Alt. Die Bilder und/oder Wortgruppen können aus der KV 16 auch ausgeschnitten und aufgeklebt werden.

▶▶▶ → Kopiervorlage 16

Lösungen *play computer (games), do judo, play chess, work in the garden, dance, play tennis, write letters, do homework, read books, watch TV/videos, meet my girlfriend/boyfriend, draw pictures, take photos, wash the car, listen to CDs/music, play minigolf, play football, ride a/my bike, play with the dog*

Verbinden mit dem Neuen

A6–A9 (SB, Seiten 73–74)

A6–A9 können nun recht zügig bearbeitet und die fehlenden Sprachmittel eingeführt werden. Dabei sollte das *simple present* (Bildung, Verneinung und Gebrauch) bewusst gemacht und intensiv geübt werden (vgl. HBU, S.148–150). Gelegenheit dazu bieten folgende Übungen: NOW YOU (SB, S. 74) WB (S. 37, Ex.4) und NOW YOU (SB, S. 75).
Zus. Die S erhalten eine Tabelle mit den Namen ihrer Mitschüler/innen. Danach laufen sie durch die Klasse, befragen sich gegenseitig zu ihren Hobbys und tragen die Ergebnisse ein. Anschließend berichten sie über die Vorlieben/Abneigungen ihrer Mitschüler/innen. Bei dieser Übungsform sind alle S der Klasse kommunikativ und handlungsorientiert tätig. L sollte darauf achten, dass die S bei der Nennung ihrer Hobbies nach der Struktur *I like/don't like …* entweder ein Nomen, wie z.B. *judo, music* oder aber das aus der GS z.T. passiv bekannte *gerund*, wie z.B. *swimming, in-line skating* verwenden, da der *to*-Infinitiv noch nicht bekannt ist.
L *Here is a chart of our class. Ask your classmates about their hobbies.*
Have you got a hobby? – Yes, I have. I like volleyball. / I don't like judo.
TB

NAME	SHE/HE LIKES	SHE/HE DOESN'T LIKE
Jasmin	stamps	football
Anne	reading/books	volleyball
Lisa	swimming	chess
Paul	music	judo
Simon	tennis	reading/books
Max	basketball	in-line skating

Anschließend werten die S ihre Informationen mündlich und/oder schriftlich aus, z.B.: *Jasmin likes stamps, but she doesn't like football. …*

Alt. Pantomime: L bereitet zwei große Bildkarten mit einem Smiley *(= I do ...)* und einem durchgestrichenen Smiley *(= I don't ...)* vor. Ein/e S spielt der Klasse eine Aktivität vor und zeigt durch Verwendung der Smiley-Bildkarten an, ob es sein/ihr Hobby ist oder nicht. Die anderen S erraten die Aktivität und treffen Aussagen wie:
S *You play football. / You collect stamps. / You don't take photos. / You don't sing.*

Themenbereich 3 — My day

Erfassen des Vorhandenen

Das Thema Tagesplan steht im Lehrplan der GS als Angebot unter der Thematik „Ich selbst" und kann deshalb nicht als direktes Thema in Klasse 5 aufgegriffen werden. Es wäre empfehlenswert, hier mit einem aus der GS bekannten Lied oder Gedicht zu beginnen.
Die S sind es gewöhnt, Tätigkeiten mithilfe von Mimik und Gestik darzustellen, um Lieder oder Gedichte zu begleiten. Sehr gut geeignet für das Thema Tagesablauf ist das folgende Gedicht aus dem Grundschullehrwerk *Ikuru 3* (S. 67):

The Morning Rush

Into the bathroom,
Turn on the tap.
Wash away the sleepiness –
Splish! Splosh! Splash!

Into the bedroom,
Pull on your vest.
Quickly! Quickly!
Get yourself dressed.

Down to the kitchen.
No time to lose.
Gobble up your breakfast.
Put on your shoes.

Back to the bathroom.
Squeeze out the paste.
Brush, brush, brush your teeth.
No time to waste.

Look in the mirror.
Comb your hair.
Hurry, scurry, hurry, scurry
Down the stairs.

Pick your school bag
Up off the floor.
Grab your coat.
And out through the door.

Die im Gedicht vorkommenden Tätigkeiten zum Tagesablauf schreibt L ungeordnet an die Tafel/auf ein Arbeitsblatt und lässt diese durch die S in die richtige Reihenfolge bringen.

Verbinden mit dem Neuen

A11 (SB, Seite 75)

L *Now let's have a look at Susan's day. Susan is Ben's sister and lives in the USA.*
A11 wird, wie im HBU (S. 151–153) beschrieben, erarbeitet. Susans Tagesablauf bildet die Grundlage für den Transfer auf den Tagesablauf der S. Dabei wird verstärkt an den Häufigkeitsadverbien gearbeitet. Es eignen sich hier folgende Übungen: P15, P16 (SB, S. 79–80), WB (S. 41, Ex. 13).

Zur weiteren Festigung kann die KV 14 (Bildgeschichte) aus dem HBU eingesetzt werden. Dazu erhält jede/r S eine KV. In leistungsschwächeren Klassen erarbeitet L gemeinsam mit allen S den Tagesablauf des Jungen (Differenzierung: mit oder ohne vorgegebenen Wortschatz).
Alt. Der Tagesablauf wird in PA aufgestellt (auch hier ist die Differenzierung mit oder ohne vorgegebenen Wortschatz möglich).
Eine weitere **Alt.** bietet das HBU (S. 153).

Alt. Mithilfe der KV 17 berichten die S über ihren eigenen Tagesablauf. Zuerst zeichnen sie die Uhrzeiten ein, wann sie die Tätigkeiten ausführen. Dann schreiben sie über die entsprechenden Tätigkeiten. Inwieweit L sprachliche Hilfen gibt, ist abhängig vom Leistungsstand der S. Die Wortgruppen am Ende von der KV 17 können bei leistungsstarken Lerngruppen vor dem Kopieren entfernt werden.

Kopiervorlage 17

▶▶▶ → Kopiervorlage 17

Als Alternative zur Hörübung 18 (SB, S. 81) ist Topic 7 (SB, S. 120–121) sehr gut geeignet.
L gibt eine kurze Einführung in die Geschichte.

L *The drama group at Kingsway High School has a little play. The title is "Merlin's return"* (Wiederkehr). *Who is Merlin?*

Eventuelle Vorkenntnisse zum Zauberer werden gesammelt bzw. von L weitere Informationen zu seiner Person gegeben (vgl. HBU, S. 198).
Anschließend liest L den Anfang der Geschichte vor *(storyteller)* und überprüft, ob die S die Situation verstehen.

L *Who is in the play?*
S *Four children (Rachel, Nazma, Mike, Joe) and a wizard* (Zauberer), *Merlin.*
L *What do the children play?*
S *What's the time, Mr Wolf?* (Fischer, wie tief ist das Wasser?)

Vor dem Hören erhält jede/r S eine Kopie der KV 18 mit Bildern zum Text. Diese werden gemeinsam betrachtet. Danach erfolgt die Erstpräsentation der gesamten Geschichte über Tonträger. Beim Hören nummerieren die S die Bilder entsprechend der Reihenfolge im Text.

▶▶▶ → Kopiervorlage 18

Kopiervorlage 18

Lösungen 1. Bildzeile: 6, 3 – 2. Bildzeile: 2, 7 – 3. Bildzeile: 4, 8 – 4. Bildzeile: 5, 1

Alt. Der Text kann auch abschnittsweise präsentiert werden.
Alt. Der Text kann auch einmal ohne Aufgabenstellung angehört werden, anschließend wird die KV 18 ausgeteilt und beim erneuten Hören wird nummeriert.

Nach gemeinsamer Kontrolle der Bildabfolge (**Alt.** Kontrolle im Tandem) kann wie im HBU, S. 198–199 (Überprüfung des Detailverständnisses, lautes Lesen) vorgegangen werden. Die S können dieses Stück einüben und zum Elternabend oder Schulfest aufführen. Beim Einstudieren des Stücks sind der Phantasie und Kreativität der S (und L) keine Grenzen gesetzt.

Das Projekt (SB, S. 71) bildet den Höhepunkt des handlungsorientierten Arbeitens in dieser Unit und ist zugleich produktorientiert. Fächerübergreifender bzw. -verbindender Unterricht bietet sich als neue Möglichkeit an. Es können Poster, Broschüren, Video- oder Power Point – Präsentationen entstehen.

▶▶▶ Hörverstehen mit *Radio Chester 1, Programme 5: Happy homework hour*

6 UNIT 6 Out shopping

Voraussetzungen

Im Mittelpunkt der Unit 6 steht der Themen- und Kommunikationsbereich *shopping, clothes* und *fashion*. Die aus der GS und vorherigen Units bereits vorhandenen lexikalischen Kenntnisse zu *clothes, colours* und *what clothes can be like* (Adjektive) werden aufgegriffen, erweitert und handlungsorientiert in Form einer Modenschau verarbeitet.
Das Thema *shopping* ist den S bereits aus Topic 4 bekannt und wird hier am Thema *buying clothes* fortgeführt und erweitert.
Notwendige grammatische Strukturen zum Einholen und Erteilen von Auskünften (Fragen im *simple present*) werden im A-Teil vermittelt.

Wortschatz

CLOTHES

cap	stocking	**What do you** (buy)**?**
(woolly) hat	tights	
shirt	**jacket**	What have you got on?
T-shirt	coat	I've got jeans on.
jumper	mac	
sweater	boots	**try on**
dress	trainers	Does it fit?
skirt	gloves	It fits (you). / It doesn't fit.
trousers		
shorts	**Do you (like this dress)?**	He puts the hat on.
trunks	**Yes, I do. / No, I don't.**	I put on …
sock(s)		

normal = bereits im SB eingeführt **fett** = GS-E + vorliegende Unit

Erfassen des Vorhandenen

Es bietet sich an, die Vorkenntnisse der S mithilfe eines Puzzles zu erfassen (KV 19). Die S markieren dazu mit zwei verschiedenen Farben (Entwicklung von Methodenkompetenz) die Kleidungsstücke und Adjektive. Im nächsten Schritt ordnen sie diese in die vorgegebene Tabelle ein.
Diese Übung kann mit Wettbewerbscharakter gestaltet werden. Die Tabelle enthält mehr Spalten (*patterns* wie z.B. *tartan, striped*; nicht im Puzzle) und Zeilen als im Puzzle zu findende Wörter bzw. Kategorien, so dass sie im Laufe der Arbeit an diesem Thema ergänzt werden kann. Somit verfügen die S im Anschluss über eine systematische Wortschatzsammlung zum Thema *clothes*.

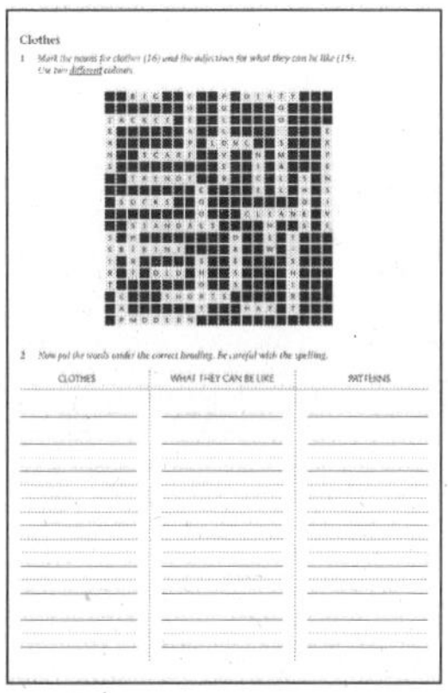

Kopiervorlage 19

▶▶▶ → Kopiervorlage 19

Lösungen

clothes: jeans, shirt, cap, shorts, pullover, anorak, socks, hat, shoes, skirt, scarf, T-shirt, dress, sandals, jacket, bikini
what they can be like: long, short, too small, expensive, cheap, cool, nice, big, terrible, dirty, clean, modern, trendy, old, new

Verbinden mit dem Neuen

Lead-in (SB, Seiten 88–89)

Danach erfolgt der Einstieg ins Lead-in.

L *And now let's have a look at clothes for the beach. Open your books at page 88/89. Which clothes from our puzzle can you see here?... But there are some typical clothes for the beach. Look at the girl on the left side. She's wearing ... .* (Lexik-input *clothes*) *Some clothes have got a pattern. Look at ... It's ... .*

Die S ergänzen die KV 19 mit den neu auftretenden Vokabeln. In der Spalte *patterns* gibt L einen zusätzlichen Input *(checked, striped, patterned ...)* im Hinblick auf die zu präsentierende *fashion show*.

Im Anschluss daran werden die S im NOW YOU-Teil (SB, S. 89) dazu angeregt, sich über Mode zu äußern. NOW YOU kann auch durch folgende Aufgabe erweitert werden:

Variante 1 L *Write some sentences about your favourite clothes and clothes that you don't like. Please, think of colours and patterns, too.*

Variante 2 Die S gestalten eine Seite in ihrem *Scrapbook* (mithilfe von Katalogen oder Werbeprospekten), auf der sie ihre Lieblingskleidungsstücke darstellen und solche, die sie nicht mögen. Dann beschreiben sie diese Kleidung:

S *My favourite clothes are ... . I also like ... . But I don't like ... .*
(And I can't stand ... .)

Die Redewendung *I can't stand* ist den S zwar unbekannt, jedoch ist sie durch Mimik und Gestik leicht deutlich zu machen und wird von den S sehr schnell aufgrund der Parallele zu „nicht ausstehen können" erfasst.

A1–A3 (SB, Seite 90)

Mit der Behandlung von A1–A3 wird das Wortfeld zum Thema *fashion* erweitert und die Demonstrativpronomen *this, that, these, those* eingeführt (vgl. HBU, S. 166–167).

Zur Festigung des Wortschatzes und zur Vorbereitung der *fashion show* beschreiben die S die Kleidung verschiedener Personen. Besonderer Wert sollte dabei auf die Verwendung des Verbs *wear* im *present progressive* gelegt werden.

Übungsgrundlage könnten sein:

- Folie 25 der Foliensammlung zu *English G 2000*
- Figuren aus Katalogen
- S der Klasse (auch als *guessing-activity*)

Über Art (mündlich/schriftlich) und Umfang der Übung entscheidet L entsprechend des Leistungsstandes der Lerngruppe.

In den folgenden 2–3 Stunden erarbeiten die S in Gruppen eine *fashion show*, die sie anschließend präsentieren. Dazu bieten sich zwei Varianten an.

Variante 1 Jede/r S wählt zu Hause bzw. in mitgebrachten Katalogen zwei Models aus. Mit diesen Models fertigen sie ein Poster an, welches in der Folgestunde präsentiert wird *(name, clothes, colour, patterns, label, price)*. Die S beschriften ihr Poster zur Unterstützung (nur *name, label, price*). Leistungsschwache S machen sich vor der *fashion show* eine kleine Karteikarte und präsentieren mithilfe von Stichpunkten. Außerdem sollte L Redemittel zum Beginnen und Beenden einer Modenschau zur Verfügung stellen. Diese könnten sein: *Hello and welcome to our fashion show. Our names are/We're ... and we're presenting the latest fashion to you. Our first model is ... . He/She's wearing ... . That's all for today. I hope you've enjoyed our show. Goodbye.*

Variante 2 Die S verkleiden sich mit mitgebrachten Kleidungsstücken und präsentieren ihre eigene Modenschau. Variante 2 bringt sicherlich mehr Leben ins Klassenzimmer und wird lustiger sein.

Die inhaltliche Ausgestaltung der Modenschau erfolgt wie bei Variante 1.

Welche Variante L auch bevorzugt, Fragen nach individuellem Wortschatz entsprechend der Wahl der Kleidung und Accessoires werden auftauchen, so dass individuelle Hilfe durch L gegeben werden muss.

A4–A11 (SB, Seiten 91–93)

L erarbeitet mit den S A4–A11 wie im HBU (S. 167–171) beschrieben.

Anschließend wird das in Topic 4 erarbeitete Thema *shopping* erneut aufgegriffen und auf das Thema *buying clothes* übertragen bzw. durch dieses erweitert. Im A-Teil vermittelte Strukturen werden auf diese Weise angewendet und gefestigt.

Die S erhalten dazu einen *jumbled dialogue* (KV 20), den sie zunächst lesen, ausschneiden, in PA korrekt ordnen, mit einer zweiten Gruppe vergleichen und anschließend aufkleben. Die Kontrolle des Dialogs kann auch im Unterrichtsgespräch stattfinden.

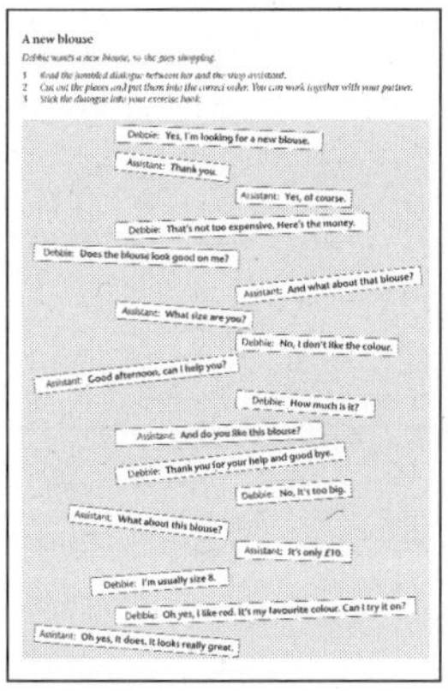
A new blouse

Kopiervorlage 20

▶▶▶ → Kopiervorlage 20

Lösungen

A *Good afternoon, can I help you?*
D *Yes, I'm looking for a new blouse.*
A *What size are you?*
D *I'm usually size 8.*
A *What about this blouse?*
D *No, it's too big.*
A *And what about that blouse?*
D *No, I don't like the colour.*
A *And do you like this blouse?*
D *Oh yes, I like red. It's my favourite colour. Can I try it on?*
A *Yes, of course.*
D *Does the blouse look good on me?*
A *Oh yes, it does. It looks really great.*
D *How much is it?*
A *It's only £10.*
D *That's not too expensive. Here's the money.*
A *Thank you.*
D *Thank you for your help and goodbye.*

Dieser Dialog bildet die Grundlage für das eigenständige Produzieren von Gesprächen. Die S lesen den Dialog mehrmals in PA mit verteilten Rollen, so dass die Strukturen geläufig werden. L lässt die S die Dialoge darbieten und systematisiert anschließend die sprachlichen Strukturen zum Thema *buying clothes* mithilfe von KV 21.

L *OK, now let's practise some structures. How can you manage the following situations in English?*

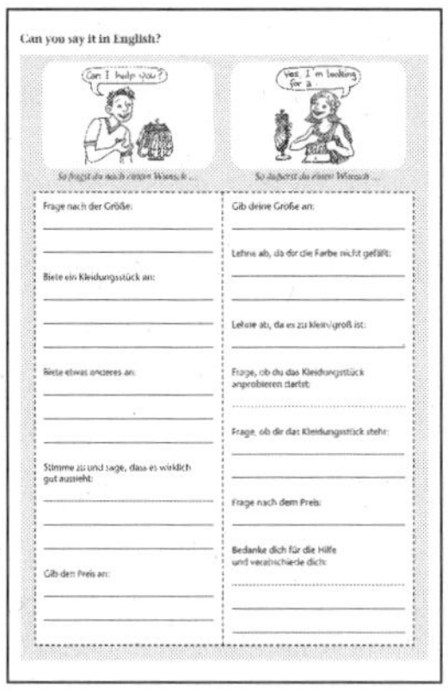
Can you say it in English?

Kopiervorlage 21

▶▶▶ → Kopiervorlage 21

Lösungen

What size are you?
I'm size … .
What about … ?
No, I don't (really) like the colour. /
No, it's too small/big.
And what about that … ?
Do you like this…/these … ?
Can I try on … ? / May I try on …?
Does the … look good on me? /
Do the … look good on me?
Oh, yes, it looks really good (on you)
How much is/are … ?
It's/They are … .
Thank you (very much) for your help. –
Goodbye.

Alt. L erstellt von der KV 21 eine Folie und erarbeitet die Lösung mit den S frontal. Die S erhalten die KV 21 ebenfalls und ergänzen.
Alt. Die S erhalten die KV 21 und füllen sie in PA aus. L erstellt eine Folie von der KV 21 und bereitet die Lösungen vor. Im anschließenden Unterrichtsgespräch vergleichen die S ihre Lösungen mit der Folie. Die Strukturen werden zu Hause gelernt. In der darauf folgenden Stunde ruft L die Strukturen ab und lässt die S selbst Einkaufsgespräche entwickeln. Inwieweit L Lenkungshilfen anbietet, hängt vom Leistungsstand der Lerngruppe ab. Mögliche Lenkungshilfen an der Tafel könnten sein: Wunsch erfragen und darauf antworten; Größe des Kleidungsstücks erfragen und darauf antworten; Aussagen über Größe/Farbe treffen; zustimmen oder ablehnen; Frage, ob man anprobieren kann; Frage nach Preis und Angabe des Preises; kaufen oder nicht kaufen; Abschluss des Gesprächs. Zur Belebung bringen die S beim Darbieten der Dialoge Realia mit.

▶▶▶ Hörverstehen mit *Radio Chester 1, Programme 6: The clothes show*

7 UNIT 7 A trip to the zoo

Voraussetzungen

In dieser Unit stehen thematisch Zootiere im Mittelpunkt. Die S sollen ihre Meinung äußern, Vorlieben und Abneigungen ausdrücken sowie ein Projekt über Tiere durchführen. Darüber hinaus werden Lebensumstände in der Stadt und auf dem Land gegenübergestellt und Argumente dazu gesammelt. Sprachlich bilden die Stellung von Ort- und Zeitangaben sowie die Wortstellung in Nebensätzen Schwerpunkte der Arbeit.
Aus der GS verfügen die S über lexikalische Vorkenntnisse zum Thema Zootiere, Farmtiere, Körperteile und Nahrungsmittel. Sie können Eigenschaften und Unterschiede in Ansätzen ausdrücken, wie *big–small*, *nice–ugly*, *slow–fast*. Verschiedene Verben sind aus vorhergehenden Units bekannt, z.B. *sleep*, *play*, *eat*, *live* usw. Die S verfügen über Kenntnis der Wendungen *I like – I don't like*.

Wortschatz

(ZOO/FARM) ANIMALS		FOOD	
animal	**sheep**	**bread**	fruit (salad)
	chicken	toast	**apple**
lion	hen	rolls	**banana**
bear	duck	rice	grapefruit
wolf	horse		lemon
hippo	pony	**milk**	peach
crocodile		egg	
monkey	head	**cheese**	muesli
chimp	face	**ham**	nut
fox	**eye**	steak	
raccoon (racoon)	nose	**fish**	hungry
beaver	mouth		**feed (the/a ...)**
squirrel	tooth/teeth	vegetables	
chameleon	**ear**	broccoli	
snake	hair	carrot	
bat	arm	cucumber	
bird	hand	green/red pepper	
fish	finger	mushroom	
crab	leg	onion	
frog	knee	pea	
spider	foot/feet	potato	
	toe	spinach	
cow		**tomato**	
pig		(mixed) salad	

normal = nur GS-E **fett** = GS-E + vorliegende Unit

Themenbereich 1 — **Animals**

Erfassen des Vorhandenen

Bekannter Wortschatz aus der GS kann mittels visueller Vorgaben, wie z.B. mit einer Folie, Bildern, Postkarten, Poster mit Zootieren erfasst werden.
Alt. Die S. können auch eine Zuordnung von Bild- und Wortkarten vornehmen. Eine Möglichkeit dazu bietet die Activity page 8 im WB.

Eine Steigerung der Anforderungen würde die KV 22 darstellen, da hier Tiere aufgenommen sind, die die S mit großer Wahrscheinlichkeit nicht alle aus der GS kennen, obwohl der individuelle Wortschatz unterschiedlich sein kann und die S aus ihrer Umwelt Wörter wie *rhino* oder *hippo* (z.B. *Prof. Rhino, Happy Hippo*) einbringen können.

Kopiervorlage 22

▶▶▶ → Kopiervorlage 22

Lösungen (1) *monkey*, (2) *guinea pig*, (3) *lion*, (4) *bird*, (5) *bear*, (6) *elephant*, (7) *giraffe*, (8) *bat*, (9) *fish*, (10) *zebra*, (11) *penguin*, (12) *cat*, (13) *turtle/tortoise*, (14) *kangaroo*, (15) *pig*, (16) *crocodile*, (17) *spider*, (18) *fox*, (19) *snake*, (20) *rat*, (21) *camel*, (22) *frog*, (23) *parrot*, (24) *sea lion/seal*, (25) *ostrich*, (26) *leopard*, (27) *rabbit*, (28) *cow*, (29) *rhino(ceros)*, (30) *hippo(potamus)*, (31) *sheep*, (32) *dog*, (33) *duck*, (34) *tiger*

L gibt den folgenden Impuls:
L *Do you know the names of these zoo animals?*
Diese Aufgabenstellung kann in PA bearbeitet werden. Das Ergebnis dieser Übung wird individuell sehr unterschiedlich sein. Maximal können alle Tierbilder der KV 22 bezeichnet werden.
Alt. KV 22 kann in Form eines Wettbewerbs bearbeitet werden: *How many animals do you know? 25–30: excellent, 20–24: very good, 15–19: quite good, …*
Das Besprechen der Ergebnisse mit Sicherung der Aussprache kann durch Wiederholung von folgenden Strukturen unterstützt werden (mit KV 22):
Where is the lion? What colour is a lion? …
Alt. Die KV 22 kann hier auch als Folie eingesetzt werden. L fängt an, nach einem Tier zu fragen, ein/e S zeigt auf das Tier und macht weiter. Dann zeigt ein/e weitere/r S auf das gesuchte Tier und macht weiter usw.
Eine weitere Festigung und Verbindung mit der Schriftsprache geschieht durch eine *alpha-snake* oder eine Wortschlange:
TB

A nt
B ear
C at
D og
E lephant
F …
G …
…

Oder:

Dog – gorilla – ape – elephant – tiger – rabbit – tortoise – …

Alt. Alternativ zur *alpha-snake* oder Wortschlange bietet sich folgende Übung zur Festigung an:
Do you like tigers?
Do you like spiders?
… parrots? …

List: *I like* *I don't like*
… …

Verbinden mit dem Neuen

Die KV 23 bietet eine gute Verbindung mit dem Neuen. Die Arbeit sollte in Gruppen à vier S stattfinden. Jede Gruppe hat 4–5 unterschiedliche Tiere zu beschreiben. Zunächst klärt L die Aussprache und Bedeutung der Adjektive, indem er/sie die Adjektive ausspricht und auf der Basis der Illustrationen die S auffordert, die deutschen Bedeutungen zu nennen.

L *Say what these animals are like. Match animals and adjectives and write sentences about the animals.*

▶▶▶ → Kopiervorlage 23

Kopiervorlage 23

Mögliche Lösung:
Rabbit: cuddly, quiet – not dangerous or frightening
Tiger: dangerous, strong – not cuddly or cute
…

Rabbits are cuddly and quiet. They aren't dangerous or frightening.
Tigers are dangerous and strong. They aren't cuddly or cute.
…

Lead-in (SB, Seiten 106–107)

Da die Vorkenntnisse anhand der bisherigen Materialien erfasst wurden, können sich die S im Lead-in darauf konzentrieren, was die Tiere fressen bzw. die Adoptionsthematik aufgreifen und sich mit den damit verbundenen Preisen stärker befassen.
Zugleich ist hier ein Eingehen auf die Thematik *food* möglich. Eine Möglichkeit bietet KV 21 aus dem HBU (vgl. S. 190).
Zur Festigung kann die Ex. 3 im WB (S. 57) dienen.

Das Thema „Zoo" legt es nahe, evtl. einen Besuch des örtlichen Zoos als Exkursion oder Projekt zu gestalten.

A1–A5 (SB, Seiten 108–109)

Die A-Teile können, wie im HBU (S. 184–187) beschrieben, bearbeitet werden.

Zur Vorbereitung des PROJECT (SB, S. 107/109) eignet sich ein Quiz:
Die S bereiten kleine Karteikarten im DIN-A7-Format selbst vor. Dabei sucht sich jede/r S selbst ein Tier aus, das er/sie vorstellt, damit es von den anderen erraten werden kann. Die Karten beginnen folgendermaßen:
What is it?
It is …
It has got …
Its colours are …
It lives …

Mögliche Lösung:
What is it? (Zu erratende Antwort: *lion*)
It is dangerous and strong, it isn't cuddly or little.
It has got four legs and a tail.
Its colours are yellow/light brown and brown.
It lives in Africa.
Die S kommen somit vom Einzelwort über einzelne kurze Sätze zum kleinen Text.

Alt. Eine andere Möglichkeit stellt die folgende Aufgabenstellung dar: Die S bekommen von L vorgefertigte Karten zu Tieren, z.B.:

GIRAFFE FACTFILE

Read the factfile. Match the headings to the facts.

(a) What they eat – (b) What they look like – (c) How they are – (d) Where they live

1. Giraffes live in the savannas of Africa.
2. Giraffes are shy and gentle animals.
3. The giraffe is about 5.3 m tall and can weigh 1,900 kg.
4. Giraffes eat leaves and branches of trees.

Alt. KV 19 (Spiel) zusammen mit KV 20 (Karten mit Fragen zu Tieren) aus dem HBU können hier auch gut eingesetzt werden.

In GA erstellen die S nun mithilfe ihrer Informationen aus dem Quiz und den gesammelten oder gezeichneten Tierbildern Poster zu ihren 4–5 Tieren (vgl. HBU, S. 187). Die S können auch mehr Fakten über ihre Tiere auf das Poster schreiben, als aus dem Quiz hervorging.

Die Präsentation der Projektarbeit geschieht mittels eines Galeriespaziergangs. Die S hängen ihre Poster an die Wände und beantworten die folgenden Fragen:
L *This is our zoo. Answer the following questions:*
TB

1. Which animals eat meat?	5. ... are dangerous/fast?
2. ... have four/two legs/a long tail?	6. ... are pets?
3. ... can fly/swim?	7. ... are black and white?
4. ... live in Africa/Australia?	8. ... are big/small?

Die S notieren sich die Fragen und suchen auf den Postern nach Antworten. L sollte die Fragen je nach Situation der Poster anpassen. Die Auswertung erfolgt im Unterrichtsgespräch.

An dieser Stelle bietet sich die Hörverständnisübung P9 (SB, S. 115) *What's where in the zoo?* an (vgl. HBU, S. 193).

Zur Festigung des Schriftbildes könnte hier ein Laufdiktat erfolgen. Dazu wird der Diktattext an vier verschiedenen Stellen im Raum angebracht, so dass für alle S in etwa die Entfernung zum Text gleich groß ist. Die S erhalten die Aufgabe, den Text in ihr Heft zu übertragen, indem sie jede/r für sich aufstehen, zum Text gehen, lesen, sich so viel merken, wie sie können, zum Platz zurückgehen und aufschreiben, was sie sich gemerkt haben. Dann gehen sie erneut zum Text und verfahren wie zuvor, bis sie den gesamten Text in ihren Hefter übertragen haben. Die Kontrolle kann in PA und mithilfe einer Folie mit dem Diktattext erfolgen.

Vorschlag für Diktattext:

Welcome to my zoo
In my zoo you can see my favourite animals. There are penguins, tigers, monkeys, zebras, elephants, lions, ostriches, parrots and giraffes. There are no snakes, spiders or bats, because I don't like them.
In the middle of my zoo you can see the pool with the penguins. They're funny. In the first cage on the left you can see the giraffes. Next to them are the lions and in the third cage on the left are the tigers. These cats are dangerous, but they're beautiful. Behind the pool there are the monkeys and the parrots. They aren't quiet. On the right there is an elephant. It is big and friendly. Next to it are the zebras and in the last cage on the right are the ostriches. They are good runners, but they are ugly.

Themenbereich 2	Town and country

Erfassen des Vorhandenen

Durch Anfertigung von *networks* kann man den Wortschatz zu den Themen *town* und *country* reaktivieren. Die Anfänge für die *networks* werden angegeben: TB

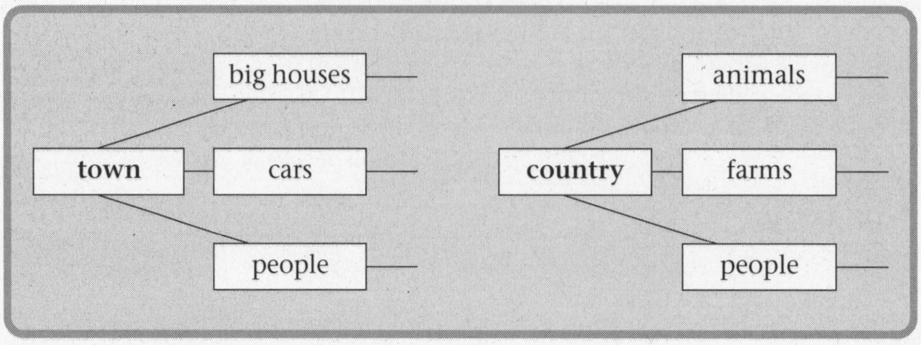

An der Tafel werden die *networks* verglichen und ergänzt.

Verbinden mit dem Neuen

A6–A10 (SB, Seiten 110–111)

Nachdem A6, wie im HBU (S. 187–188) beschrieben, behandelt wurde, kann NOW YOU bearbeitet werden, indem Argumente durch das Variieren des folgenden Satzmusters gesammelt werden: *I like the … because there are … /because I can …*

A7–A10 wird, wie im HBU (S. 188–190) beschrieben, bearbeitet. Die Thematik *food* kann vor A9 durch ein Brainstorming vorentlastet oder wie im HBU (S. 189) vorbereitet werden (zum Wortschatz zu *food* siehe auch Wortschatzkasten zu Unit 4).

▶▶▶ Hörverstehen mit *Radio Chester 1, Programme 7: End-of-term special*

Name ______________________ Klasse ______________________

Englisch in der Grundschule

1 Hast du in der Grundschule schon Englisch gelernt? nein ☐ ja, und zwar ☐

☐ seit der 1. Klasse ☐ eine Stunde in der Woche
☐ seit der 3. Klasse ☐ zwei / ☐ drei Stunden in der Woche
☐ in einer AG ☐ ....

2 Habt Ihr im Englischunterricht meistens Englisch miteinander gesprochen? nein ☐ ja ☐

3 Kreuze an, was du schon auf Englisch sagen kannst:

☐ guten Tag / ☐ auf Wiedersehen
☐ Bitte / ☐ Danke
☐ das Alphabet
☐ die Zahlen von 1–10 / ☐ von … – …
☐ wie viel etwas kostet
☐ wie spät es ist
☐ die Wochentage / ☐ die Monatsnamen

☐ wie du heißt
☐ wie es dir geht
☐ wo du wohnst
☐ wie alt du bist
☐ wann dein Geburtstag ist
☐ ob du Geschwister hast
☐ was du magst/nicht magst

4 a Habt ihr englische Geschichten von CDs oder Cassetten gehört? oft ☐ selten/nie ☐

b An welche kannst du dich noch erinnern, weil sie dir besonders gefallen haben?

____

5 a Kreuze die Themen und Feste an, über die ihr im Englischunterricht gesprochen habt:

☐ Farben
☐ Essen
☐ Spiele und Hobbies
☐ Einkaufen
☐ Dein Körper

☐ Schulsachen
☐ Haus/Wohnung
☐ Familie
☐ Tiere
☐ Kleidung

☐ Christmas
☐ Halloween
☐ Thanksgiving
☐ Easter
☐ Valentine's Day

Außerdem:

____

b Über welche Themen/Dinge möchtest du im Englischunterricht in Kl. 5 gern sprechen?

____

6 Hast du auch außerhalb des Unterrichts Englisch gelernt?

☐ mit deinen Eltern ☐ am Computer ☐ mit anderen Kindern

7 Was hast du beim Englischlernen besonders gern gemacht?

☐ Geschichten gehört
☐ Rätsel gelöst
☐ Lieder gesungen
☐ Gedichte/Reime aufgesagt

☐ Wörter geschrieben
☐ Spiele gespielt
☐ Sketche/Dialoge gespielt
☐ ....

8 a Hast du in der Grundschule ein Portfolio angelegt? nein ☐ ja ☐

b Wenn ja, was hat dir daran am meisten Spaß gemacht?

____

A dialogue

A

I'm from ... . And where are you from?	I'm fine, thanks, and you?
I'm fine, too.	My name is ... . Where are you from?
What's your name?	Hello.
Hello. How are you?	
My name is ... . And your name?	I'm from ... (, too).

B

Thanks. Goodbye.	I'm ..., and you?
Bye-bye.	My telephone number is ... .
I'm ... (, too). What's your telephone number?	How old are you?

Numbers

1 *Find the numbers from 1 to 20.*

N	H	L	S	U	P	O	N	E	J	S	N	M	E	W
Q	T	Z	O	E	A	U	P	D	I	T	E	N	I	K
S	I	X	T	E	E	N	X	I	D	M	S	U	G	Q
E	Q	U	E	A	F	A	S	E	T	T	K	P	H	M
V	P	T	S	F	I	V	E	E	Y	H	A	A	T	E
E	S	W	I	Z	Y	S	R	Y	H	I	Y	G	E	I
N	P	O	W	X	S	Y	N	A	E	R	O	O	E	G
T	Y	E	R	O	X	F	I	P	E	T	D	E	N	H
E	F	I	F	T	E	E	N	L	G	E	G	Z	E	T
E	U	Y	E	Y	C	O	E	T	Q	E	H	U	O	W
N	F	A	E	U	O	U	T	W	E	N	T	Y	D	F
C	E	S	I	X	R	Y	E	Y	Y	U	F	S	H	I
R	D	L	Y	P	Y	E	E	Z	E	F	H	Y	K	Z
E	T	F	F	F	T	T	N	H	E	Y	N	I	N	E
T	W	E	P	O	F	Y	Y	O	Y	W	I	U	P	W
X	E	F	O	U	R	T	E	E	N	S	O	S	T	B
P	L	H	G	R	E	P	Y	S	E	E	O	J	H	E
F	V	J	J	K	R	D	D	H	F	V	T	R	R	U
S	E	J	B	E	U	E	L	E	V	E	N	H	E	S
U	H	G	D	I	D	K	F	H	L	N	J	I	E	O

2 *Now write down the numbers from 1 to 20 in the correct order.*

Crossword puzzle

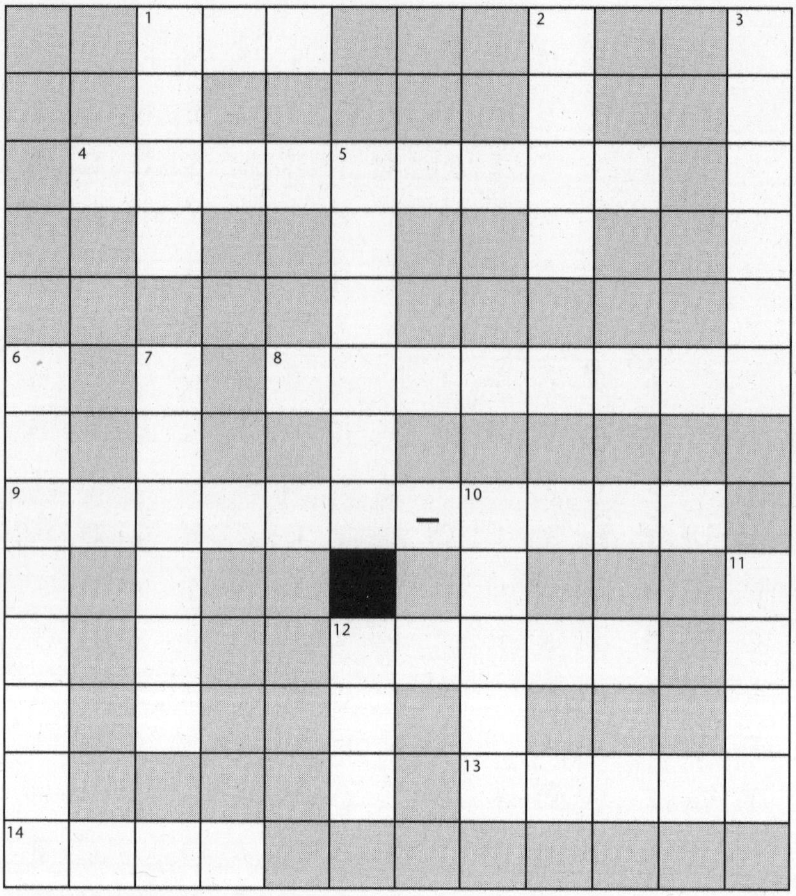

Across:

1 The old comic is in the …
4 In my room I've got a big … with lots of books.
8 I like playing … games.
9 My biro, my felt-tips and my rubber are in my …
12 The … in our classroom is green.
13 Take your pencil and your … and underline the word 'classroom'.
14 There are twenty-five chairs and twenty-five …s in the classroom.

Down:

1 I like reading English …s.
2 Here's a nice poster for the classroom …
3 In my room, I've got lots of pop star …s.
5 There are five books, two exercise books and a pencil-case in my …
6 Where are the glue sticks? – They're in the …
7 It's nice and warm. You can open the …
10 Don't sit on my desk, sit on the …!
11 Open the … and go out.

bin • board • book • bookshelf • chair • computer • cupboard • desk • door • pencil-case • poster • ruler • school bag • wall • window

Jumbled colours

klacb ______________________

dre ______________________

wolley ______________________

regen ______________________

hitew ______________________

lueb ______________________

wrobn ______________________

knip ______________________

lepurp ______________________

delong ______________________

reyg ______________________

gorena ______________________

revlis ______________________

He, she, it, they

Match the words to the correct bubbles and add more words.

Dad • Mum • sister • Ashton • friends • brother • twins • Chester • village •
Miss Hunt • Trundle • English teacher • school • CDs • numbers

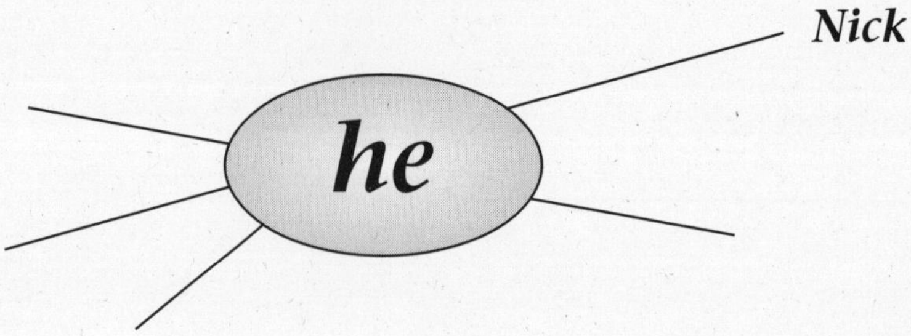

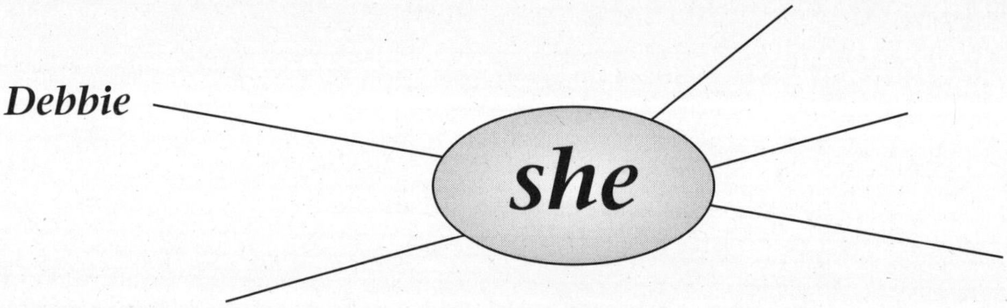

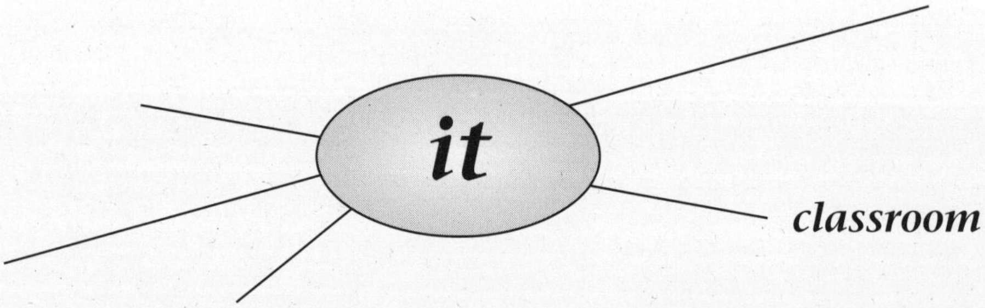

Long and short forms

1 *Cut out the word cards in **A**.*
2 *Match the personal pronouns (I, you, …) and the verb forms.*
3 *Now cut out the word cards in **B** and put them next to the long forms.*

A

I	you	he	she
it	we	you	they
am	is	is	is
are	are	are	are

B

I'm	you're	you're	we're
they're	he's	she's	it's

Questions and answers

Cut out the triangles and match the questions and answers.

START HERE:

Are you in form 5 now?

No, I'm not.

Is Chester a town in Germany?

Yes, he is.

Jenny and Sally, are you from London?

Ben, are you German?

Is Ben Scott from Chester?

Are Nick and Debbie from Chester?

No, it isn't.

Yes, they are.

Am I your English teacher?

No, he isn't.

Is Sita Sanjay's sister?

Yes, you are.

Yes, I am.

Is Trundle twelve?

Yes, she is.

No, we aren't.

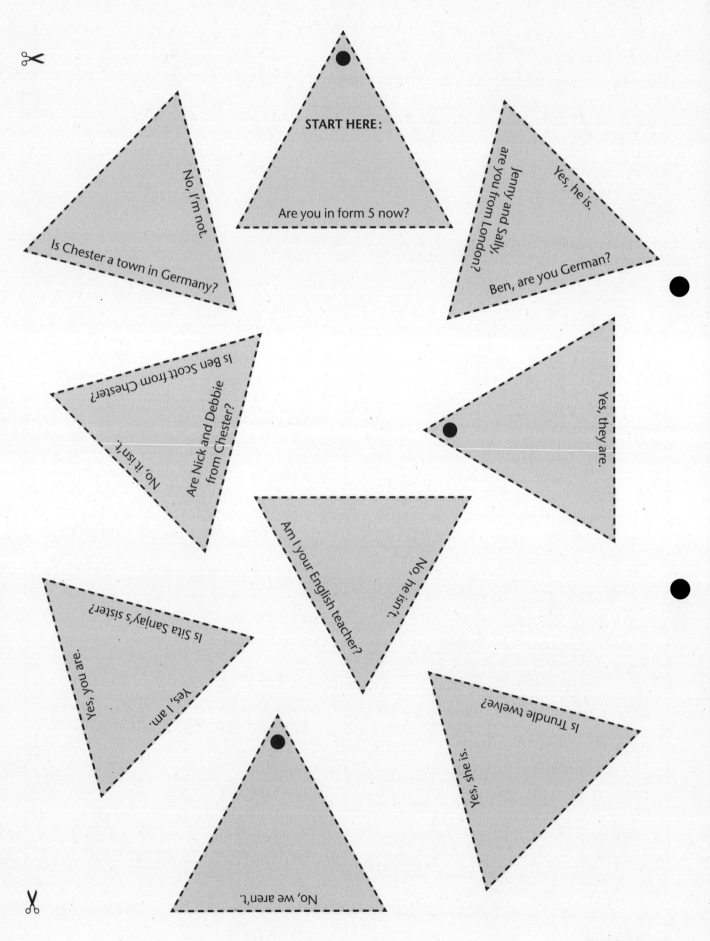

Family

1 My family network

Who's in your family? Find the right words for the people. What are their names?

mother	**father**	**brother**	**sister**	**grandma**
stepmother	**stepfather**	**stepbrother**	**stepsister**	**grandpa**

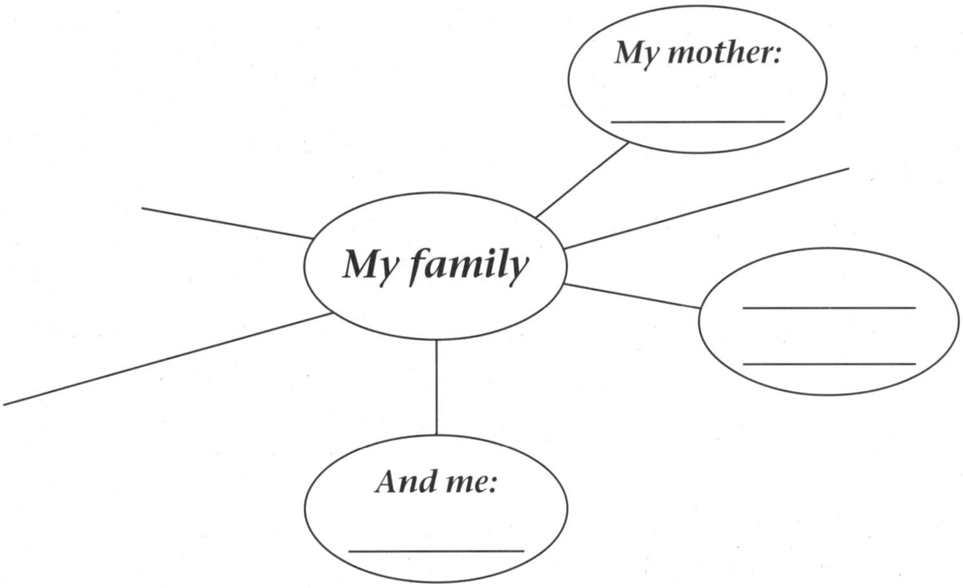

2 Sarah's family

Find the right words.

brother • ~~family~~ • grandmas • grandpa • mother • sister • stepfather • twins

I'm Sarah and I'm eleven.
This is my family______ *:*
I've got a __________ *. Her name is Anna. And I've got a* __________ *.*
His name is Daniel. They're 4 years old. They're __________ *.*
I've got a __________ *, Barbara, and a* __________ *, Peter.*
I've got two __________ *and one* __________ *. They're nice.*

Pets

1 *Find ten pets. Write the words.*

G	U	I	N	E	A		P	I	G
A	R	B	U	D	G	I	E	A	R
P	A	R	R	O	T	Y	P	N	F
Q	O	D	E	G	D	F	I	L	I
F	H	A	M	S	T	E	R	X	S
M	O	U	S	E	C	I	C	K	H
L	A	N	F	R	A	B	B	I	T
S	R	T	O	R	T	O	I	S	E

(1) *b* ______________ (6) *h* ______________

(2) *c* ______________ (7) *m* ______________

(3) *d* ______________ (8) *p* ______________

(4) *f* ______________ (9) *r* ______________

(5) *guinea pig* ______________ (10) *t* ______________

2 *Find eight pets. Write the words. What's the grey word?*

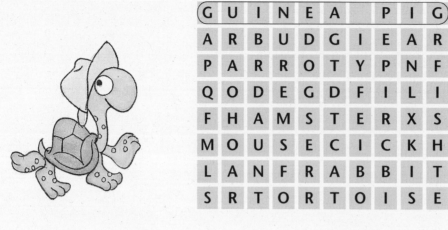

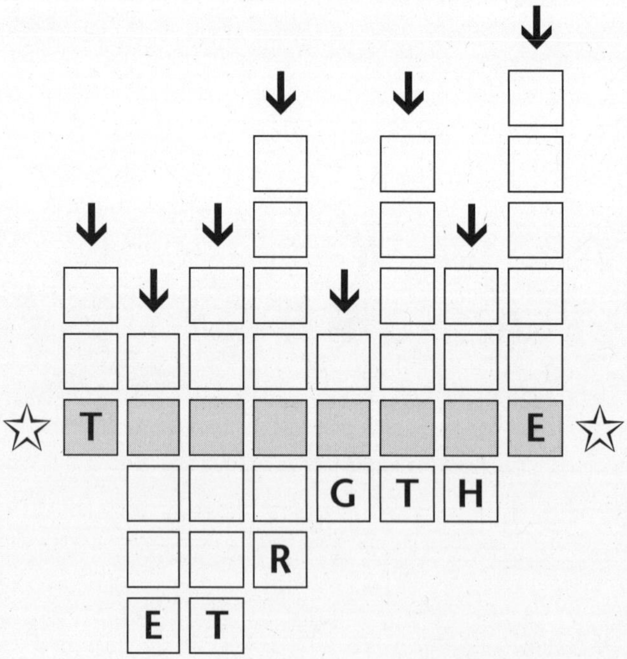

Your house/flat

Answer the questions. Then ask your partner and write down his/her answers.

	You	Your partner
Have you got a house or a flat?		
Is your house/flat big or small?		
Have you got a garden around the house?		
Have you got a garage for the car?		
Have you got pets?		
Where are your pets?		
What rooms are in your house/flat?		
What rooms are upstairs?		
What rooms are downstairs?		
Where is your bedroom?		

Wordsnake

1 *Find the verbs.*

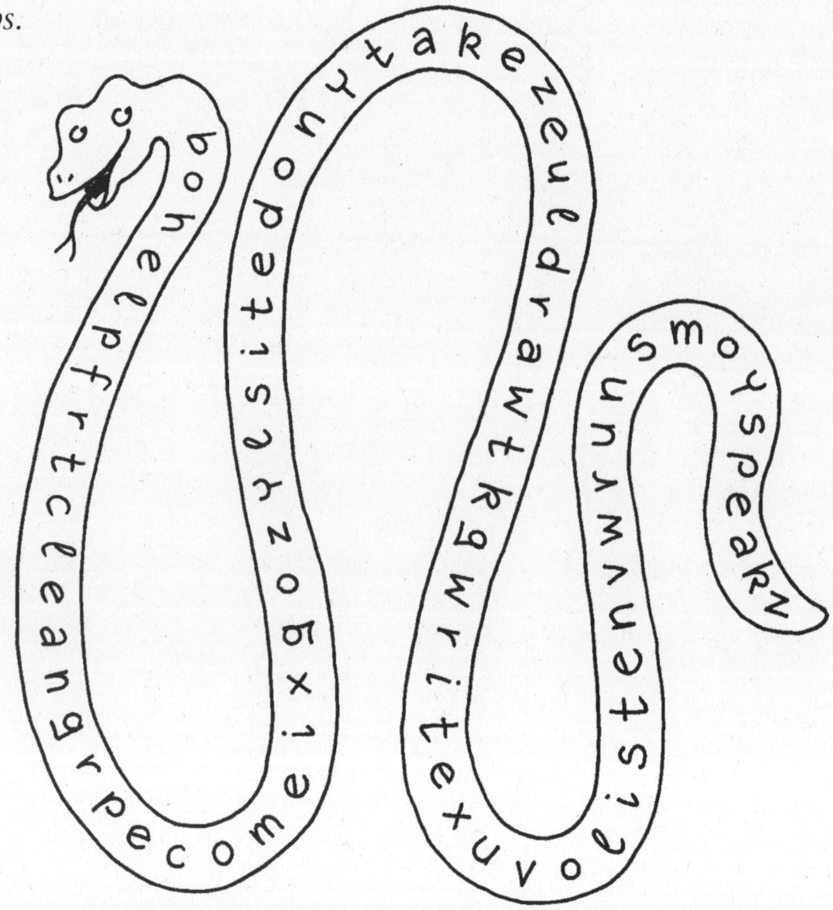

2 *Put in the right verbs from the wordsnake.*

______________ *upstairs*	______________ *to school*
______________ *your room*	______________ *a text*
______________ *here, please*	______________ *your mum*
______________ *to your teacher*	______________ *your homework*
______________ *English*	______________ *your pencil*
______________ *on your chair*	______________ *a mouse*

3 *Write down 3 to 5 other English verbs that you know.*

____

____

clean the window

wash the dishes

draw a picture

read a book

pack your school bag

listen to music

watch TV

make tea

do your homework

play computer games

go upstairs

make your bed

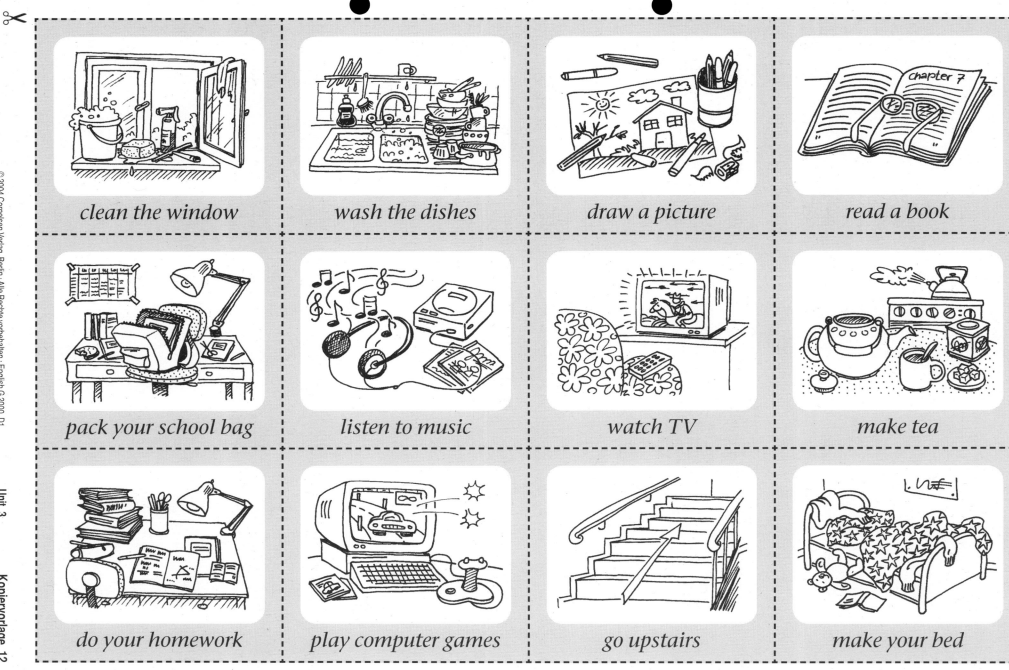

Happy birthday!

Cut out the pictures and words and match them.

watch	scarf	games	birthday cake	CD
a box of chocolates		jelly bears	ice-cream	sandwich
popcorn	hamburger	hot dog	sausages	chips
spaghetti	hot chocolate	lemonade		football
a picture of Chester	candy/ sweets		cola	song: "Happy birthday!"

A list of birthday things

1 *Write down your favourite birthday present/food/ …*

2 *Now ask your partner.*
Some ideas: What's your favourite birthday present/food/ …?
What's the first/second/ … thing on your list?
What's the next? What's the last?

Great!

My list	My friend's list

Laura's birthday party

Describe the pictures.

1

It's Laura's birthday. Her friends are coming with flowers and presents.

2

friends – give – presents – to Laura.
Laura – happy.

3

friends – sit – at the birthday table.
(special guest – sit – at the table, too.)

4

mother – come – into living-room – birthday cake – candles. cat – jump – in front of mother.

5

Laura's mother – sit – on the floor. cake – on the floor, too. Laura – help – her mother.

6

Laura's father – go – to the bakery.
bakery – closed (geschlossen). *father – unhappy.*

7

Laura's father – at home.
He – order (bestellen) *pizzas.*

8

Laura and her friends – sit – at the table.
They – eat pizza.

Activities

Find the activity and write it under the correct picture.

Use these verbs: **play** (6 ×) • **do** (2 ×) • **work** • **wash** • **meet** • **watch** • **ride** • **take** • **dance** • **read** • **listen to** • **write** • **draw**

meet friends

My day

Draw the hands (Zeiger) of the clocks and write about your day.

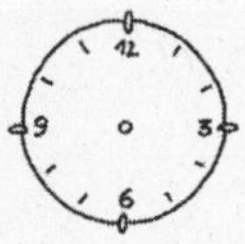

I get up at ...

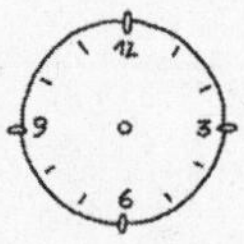

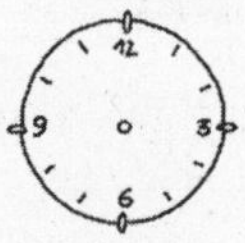

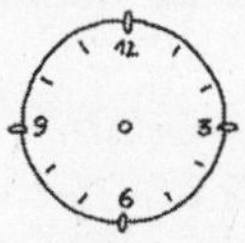

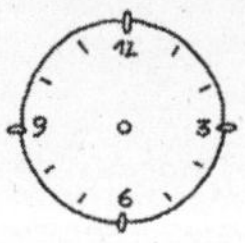

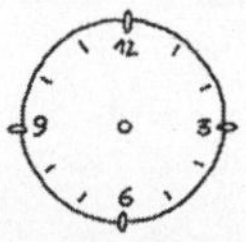

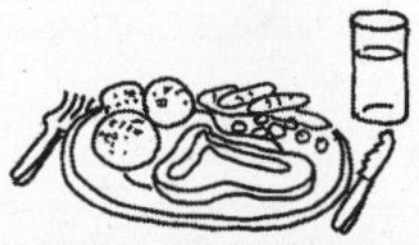

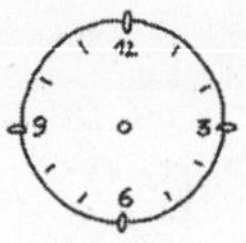

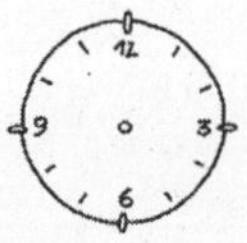

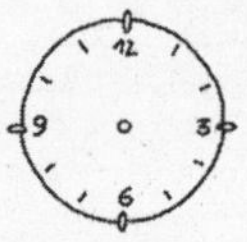

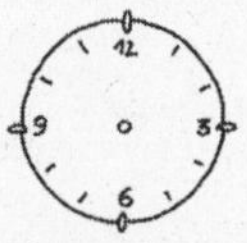

watch TV • go to school • have lunch • brush my teeth • have breakfast • play computer games • have (got) maths • do homework • play ball games • go to bed • have dinner • ...

Merlin's return

Listen to the text and look at the pictures. Find the right order.

Clothes

1 *Mark the nouns for clothes (16) and the adjectives for what they can be like (15). Use two different colours.*

D	K	B	I	G	O	B	C	S	C	P	A	D	I	R	T	Y	Z	H	U
J	F	O	Y	G	V	L	H	I	J	U	P	T	C	X	O	N	U	W	P
J	A	C	K	E	T	E	E	U	I	L	L	G	A	N	O	R	A	K	H
E	X	J	W	Z	N	G	A	F	H	L	F	E	H	M	[redacted]	C	D	G	E
A	N	K	R	H	K	R	P	N	L	O	N	G	L	L	S	D	J	H	X
N	G	G	S	C	A	R	F	W	J	V	B	R	N	K	M	H	W	O	P
S	I	O	V	G	Z	I	F	J	P	E	D	L	I	L	A	E	U	P	E
W	K	T	R	E	N	D	Y	A	H	R	K	L	C	B	L	U	S	K	N
A	F	K	Z	O	P	J	G	C	F	H	K	L	E	B	L	J	H	T	S
V	S	O	C	K	S	H	K	O	T	U	N	O	M	G	R	K	O	P	I
W	T	U	I	U	L	P	I	O	L	F	J	C	L	E	A	N	E	P	V
Q	F	S	S	A	N	D	A	L	S	Y	B	F	R	N	W	W	S	G	E
S	X	H	K	F	L	D	L	B	E	F	D	K	N	E	U	T	L	S	J
K	B	I	K	I	N	I	G	H	I	D	R	D	K	W	I	-	D	H	O
I	F	R	U	C	L	X	F	S	F	I	E	R	T	E	L	S	D	O	D
R	S	T	I	O	L	D	J	H	R	I	S	H	T	S	O	H	L	R	R
T	J	H	D	L	W	U	J	O	D	L	S	T	E	R	R	I	B	L	E
D	C	L	R	N	S	H	O	R	T	S	U	D	L	B	D	R	D	K	U
U	A	O	L	S	I	D	U	T	Z	D	P	H	A	T	Y	T	R	P	P
E	P	M	O	D	E	R	N	D	E	I	V	W	I	T	G	R	J	S	I

2 *Now put the words under the correct heading. Be careful with the spelling.*

CLOTHES	WHAT THEY CAN BE LIKE	PATTERNS

A new blouse

Debbie wants a new blouse, so she goes shopping.

1 *Read the jumbled dialogue between her and the shop assistant.*
2 *Cut out the pieces and put them into the correct order. You can work together with your partner.*
3 *Stick the dialogue into your exercise book.*

Debbie: **Yes, I'm looking for a new blouse.**

Assistant: **Thank you.**

Assistant: **Yes, of course.**

Debbie: **That's not too expensive. Here's the money.**

Debbie: **Does the blouse look good on me?**

Assistant: **And what about that blouse?**

Assistant: **What size are you?**

Debbie: **No, I don't like the colour.**

Assistant: **Good afternoon, can I help you?**

Debbie: **How much is it?**

Assistant: **And do you like this blouse?**

Debbie: **Thank you for your help and goodbye.**

Debbie: **No, it's too big.**

Assistant: **What about this blouse?**

Assistant: **It's only £10.**

Debbie: **I'm usually size 8.**

Debbie: **Oh yes, I like red. It's my favourite colour. Can I try it on?**

Assistant: **Oh yes, it does. It looks really great.**

Can you say it in English?

So fragst du nach einem Wunsch ...

So äußerst du einen Wunsch ...

Frage nach der Größe:

____

____

Biete ein Kleidungsstück an:

____

____

____

Biete etwas anderes an:

____

____

____

Stimme zu und sage, dass es wirklich gut aussieht:

____

____

____

Gib den Preis an:

____

____

Gib deine Größe an:

____

Lehne ab, da dir die Farbe nicht gefällt:

____

____

Lehne ab, da es zu klein/groß ist:

____

Frage, ob du das Kleidungsstück anprobieren darfst:

____

Frage, ob dir das Kleidungsstück steht:

____

____

Frage nach dem Preis:

____

Bedanke dich für die Hilfe und verabschiede dich:

____

____

____

Animals

Write the English words for these animals in your exercise book.

What animals can be like